Traduction de Cécile Nelson

33, rue Linné
75005 Paris – France
E-mail : **infos@leduc-s.com**
Web : **www.leduc-s.com**
ISBN : 978-2-84899-108-5

DEBRA FINE

LE GRAND ART DE LA PETITE CONVERSATION

(SMALL TALK)

COMMENT BRISER LA GLACE
DANS TOUTES LES OCCASIONS
EN DISANT TOUJOURS LE BON MOT
AU BON MOMENT

LEDUC.S ÉDITIONS

Pour Jared Fine Holst et Sarah Fine Holst,
mes sources d'inspiration et de motivation.
Et pour Steve Tilliss, la douce brise sous mes ailes.

Sommaire

PRÉFACE

Quand j'ai commencé à faire profession d'aider les gens à développer leurs aptitudes à la conversation, je me suis heurtée au scepticisme ambiant. Les cadres d'entreprise que je rencontrais se moquaient invariablement de ce qu'ils considéraient comme l'initiative triviale d'une ménagère cherchant à chasser son ennui. Par ailleurs, j'étais appelée à l'aide en catimini par des personnes influentes en quête de conseils. Certaines, embarrassées, se livraient à des manœuvres d'approche compliquées afin d'obtenir des conseils sans en faire clairement la demande. Ce sentiment de gêne, je peux le comprendre. En effet, j'ai été autrefois une jeune ingénieur binoclarde, affligée de faibles capacités relationnelles, honteuse de mon inaptitude à converser. Avant de me fabriquer une éducation, en autodidacte, dans l'Art de la Petite Conversation, j'étais quelqu'un qui communiquait peu et mal et, autant que je m'en souvienne, j'étais aussi d'une nature craintive.

Fillette, j'étais une enfant trop ronde, réservée, qui se dissimulait au fond de la classe et se trouvait souvent mise à l'écart à cause de son surpoids. L'un de mes plus vifs souvenirs d'enfance est celui de la fête d'anniversaire d'une camarade de classe de quatrième prénommée Rita. Toutes les filles de ma classe avaient été invitées, à l'exception d'une autre fille très grosse et de moi-même. Cette expérience fut si douloureuse que je me suis réfugiée dans un monde de livres. Je n'avais aucune idée de la façon de me faire des amis ou d'en avoir. En somme, je n'arrivais pas à parler avec mes pairs.

Naturellement, arrivée à l'âge adulte, j'ai choisi une profession ne nécessitant pas un grand usage de la conversation. Je suis devenue ingénieur — un choix parfait, le métier d'ingénieur étant plutôt technique et requérant peu d'échange oral. Sans la moindre difficulté, je faisais des exposés techniques ou répondais à des questions complexes d'ingénierie. Tout cela relevait de mon domaine de compétence. Mais j'étais aussi envoyée à des conférences ou des colloques de ma branche, où il me fallait entrer en contact avec des collègues ; me faire des relations ; rencontrer des clients. Et là, j'étais prise de panique. Je ne connaissais qu'une seule façon d'engager une conversation. Automatiquement, je demandais aux personnes que je rencontrais : *Qu'est-ce que vous faites dans la vie ?* Après avoir échangé quelques banalités sur nos professions respectives, la conversation tournait invariablement au bredouillement et finissait par mourir, dans une lente agonie. Je ne savais pas comment la faire durer. J'évitais donc autant que possible toutes les activités sociales liées à ma fonction. Quant à celles auxquelles je ne pouvais me dérober, soit j'y arrivais en retard, soit je m'en allais avant la fin et, dans l'intervalle, je priais pour qu'une âme charitable et plus habile vienne à mon secours en lançant une discussion.

J'ai peiné dans l'art de la conversation pendant toutes mes années d'ingénieur. Puis j'ai choisi d'interrompre ma carrière pour devenir mère de deux enfants. À cette époque, j'ai décidé que j'en avais assez de mon surpoids et du complexe qu'il me causait. J'ai alors perdu une trentaine de kilos et j'ai retrouvé une meilleure image de moi-même. Je désirais à présent me faire des amis et m'amuser et, pour ce faire, je savais qu'il me fallait adopter de meilleures habitudes sociales. J'ai repéré les personnes qui savaient cultiver des amitiés et réussissaient à se faire des connaissances dans une foule. J'ai observé leurs techniques puis, timidement, je me suis mise à les imiter.

Ma motivation s'est décuplée après mon divorce. J'ai pris conscience que si je voulais rencontrer quelqu'un, je devais d'abord commencer tout simplement par avoir une vie sociale. J'approchais alors de la quarantaine, j'avais quitté mon univers professionnel depuis un bon nombre d'années ; je devais donc faire de nouvelles connaissances. C'était une perspective pour le moins impressionnante. J'ai réalisé cependant qu'acquérir des capacités conversationnelles n'avait rien à voir avec l'astronomie. Cela ne pouvait pas être aussi difficile car, sinon, on ne verrait pas autant de gens si versés en la matière. Je me suis donc, dans un premier temps, fixé l'objectif de faire durer une conversation plus de cinq minutes.

L'une de mes premières expériences dans l'art de converser fut un succès et cela a transformé ma vie. J'étais allée prendre un verre avec une amie en *happy hour* dans un bar. Un homme, de l'autre côté de la salle, s'est mis à jeter des coups d'œil dans ma direction. Nos regards se croisaient constamment mais nous n'échangions pas un seul mot. Ma copine m'incitait à réagir : « Debra, va donc lui parler. »

J'ai répondu : « Euh… je ne sais pas. Je n'ai rien à raconter. De toute façon, s'il voulait faire ma connaissance, il serait déjà venu vers moi. »

Mon amie n'a pas lâché prise. Elle a même été si convaincante que son défi m'a finalement poussée à aller vers l'homme pour me présenter. Pendant que je traversais la salle, mon cœur battait tellement fort que je m'entendis à peine dire bonjour. Lui a tiré une chaise en se présentant à son tour ; il s'appelait Rex, et m'a dit être ravi de faire ma connaissance. À partir de ce début, pourtant peu prometteur, nous avons commencé à nous fréquenter. Puis, avec le temps, notre amitié s'est enrichie, j'ai beaucoup appris sur Rex et j'ai finalement su pourquoi il n'avait pas pris l'initiative de venir vers moi pendant la *happy hour*. J'étais persuadée que son manque d'enthousiasme était une remarque implicite sur un de mes défauts – le fait que j'étais trop grande, que j'avais encore des kilos en trop ou que je n'étais juste pas son genre. Or il n'en était rien. Le problème ne venait pas de moi, il venait de lui : Rex était tout simplement timide.

C'était à peine croyable ! Voilà que je découvrais que dans ce monde il y avait plein de gens talentueux, instruits, merveilleux, mais extrêmement timides. J'ai réalisé que si mon amie n'avait pas insisté ce soir-là et si j'avais manqué de courage, je n'aurais jamais rencontré cet homme, qui allait faire partie de ma vie. Je ne l'ai pas épousé mais il est devenu un de mes amis les plus proches.

Cette expérience a fait de moi une adepte de l'art de la petite conversation. J'ai finalement compris qu'il s'agissait là d'un formidable outil de lien social. Je me suis donc consacrée à l'apprendre, à le pratiquer et à aider les autres à se perfectionner dans ce domaine. Depuis le lancement de mon entreprise, L'Art de la Petite Conversation, j'ai beaucoup circulé et devisé à travers tout le pays. J'ai rencontré une multitude de gens fascinants et me suis fait beaucoup d'amis. À présent, ma vie est riche du sens et de la profondeur que ces personnes m'apportent au quotidien.

J'écris ce livre afin de transmettre ce que j'ai appris, de manière à ce que vous aussi bénéficiiez de tout un répertoire de techniques d'expression orale. Les méthodes, conseils et astuces contenus dans ce livre sont destinés à tous, et pas seulement aux introvertis. Je connais des représentants commerciaux qui réalisent de magnifiques prestations devant un public mais tremblent en arrivant à une réunion de socialisation informelle. J'ai rencontré des enseignants qui pouvaient discuter tranquillement avec leurs élèves et collègues mais qui restaient bouche bée devant les parents lors des fêtes scolaires. Des mères au foyer débordées mais néanmoins épanouies animent en virtuoses des groupes de petits enfants mais quittent une réunion de parents ou un événement social sur leur lieu de culte, par exemple, en se sentant mal à l'aise et isolées. Je connais un médecin qui a fermé son cabinet et rejoint un organisme administratif de santé car, bien que talentueux comme praticien, il perdait ses moyens lors de l'échange simple accompagnant les consultations et n'avait pas l'assurance nécessaire pour gagner de nouveaux patients. La liste est bien longue. Dans toutes les classes sociales, même les personnes compétentes peuvent avoir besoin d'aide pour développer des techniques dans l'art de communiquer.

Ce sont ces techniques que vous apportera cet ouvrage. En augmentant vos capacités à converser, vous améliorerez de fait votre qualité de vie. Vous serez sans doute étonnés par le pouvoir de cet art, d'une portée extraordinaire. En effet, savoir converser avec éloquence élargira vos réseaux amicaux et professionnels. Vous éprouverez du plaisir à participer à ces réunions mondaines qui auparavant vous angoissaient, et vous créerez des voies et des perspectives ouvrant vers de nouvelles opportunités. Mon cher ami Rex est mort trop tôt, dans un accident de la route au Mexique. Ce qui à mes yeux souligne le fait que le risque qu'on prend en adressant la parole à un inconnu est insignifiant au regard de celui encouru lorsqu'on prend le volant de sa voiture. Malgré tout, Rex a vécu intensément les quarante et quelques années de sa vie. Heureusement que je me suis aventurée de l'autre côté de la salle, car nous avons ainsi pu partager une tranche de vie.

À présent, faites une pause. Prenez un peu de votre temps pour remplir le questionnaire ci-dessous : *Maîtriser la Petite Conversation.* Si vous répondez *oui* à la plupart des points suivants, vous êtes certainement sur la bonne voie mais si, au contraire, vous répondez positivement à peu d'entre elles, il est grand temps de réagir.

Maîtriser la Petite Conversation

Répondez par *oui* ou *non* aux propositions suivantes :

1. Cette année, j'ai participé à au moins une activité de groupe ou à celle d'un club afin de nouer de nouvelles relations professionnelles ou simplement de rencontrer du monde.

☐ Oui ☐ Non

2. Je suis conscient de « parler à mon tour » dans la plupart de mes conversations afin de connaître les autres davantage et de les aider à mieux me connaître.

☐ Oui ☐ Non

3. Sur les douze derniers mois, j'ai eu recours à mes relations pour aider au moins deux personnes, soit à trouver du travail, soit à obtenir un rendez-vous, soit à se mettre en relation avec des clients potentiels, ou bien j'ai fourni des informations à d'autres fins relationnelles.

☐ Oui ☐ Non

4. J'assiste au moins deux fois par mois à des événements où je peux rencontrer des membres de ma branche professionnelle ou des décideurs potentiels.

☐ Oui ☐ Non

5. Si quelqu'un est amical envers moi, il m'est facile de l'être en retour. Mais je n'attends pas un témoignage de gentillesse pour être moi-même affable.

☐ Oui ☐ Non

6. Lorsque quelqu'un me demande « Quoi de neuf ? », au lieu de répondre « Pas grand chose », je parle souvent de quelque chose de passionnant que je suis en train de vivre.

☐ Oui ☐ Non

7. Dans les réunions, les fêtes, les salons professionnels ou d'autres événements de ce genre, je vais vers des personnes inconnues et je repars avec au moins trois nouveaux contacts.

☐ Oui ☐ Non

Alors ? Quel résultat avez-vous obtenu ? Une fois « diplômé » en Petite Conversation, vous serez certain de :

- développer vos affaires
- nouer des amitiés
- améliorer votre capacité relationnelle
- décrocher des rendez-vous
- obtenir des propositions d'emploi.

Bon – ça suffit ! Arrêtons là cette petite conversation ! Passons maintenant aux choses sérieuses !

1

Quel est le grand enjeu de la petite conversation ?

Vous arrivez dans le parking, vous coupez votre moteur et vous restez assis quelques instants, redoutant les deux heures à venir. Un client d'une société importante vous a invité à l'inauguration de ses nouveaux bureaux en centre-ville. Vous détestez ce genre d'occasion. Vous ne savez pas de quoi parler ; à l'exception de ce client, vous ne connaissez personne et vous avez toujours l'impression de faire semblant de ne pas avoir l'air perdu ; alors, vous mangez et buvez plus que de raison, juste pour vous maintenir occupé. Vous devez y assister – ça c'est certain – mais vous êtes toujours dans votre voiture, tassé au plus profond du siège avant, et pris d'angoisse en pensant au temps qu'il vous faudra y passer. Trente minutes de présence suffiront-elles ou allez-vous offenser un de vos meilleurs clients si vous ne restez pas jusqu'à la fin ? Vous cherchez des excuses possibles pour partir de bonne heure. Quelqu'un pourrait vous appeler, à un moment convenu d'avance, pour une urgence prétendue ; un de vos enfants pourrait avoir un rendez-vous sportif important… Ou bien vous vous laissez ronger par l'inquiétude jusqu'à vous en rendre malade.

La conversation informelle se produit au moins une douzaine de fois par jour dans les circonstances les plus variées : sur le chemin du bureau, lorsque vous allez chercher votre fille au cours de sport, en prenant l'ascenseur avec un collègue, en répondant au pied levé à un appel téléphonique de votre belle-mère, en assistant à une réunion de travail, en conviant un client à déjeuner, en allant à un entretien d'embauche — la liste est sans fin ! Cependant, pour certains d'entre nous, la fréquence de ces échanges ne les rend pas nécessairement plus faciles. Au contraire, ces rencontres peuvent être source d'anxiété au point que certains redoutent les réunions conviviales, les déjeuners d'affaires et jusqu'aux rencontres fortuites entre voisins. Malheureusement, ce repli sur notre propre mal-être peut nous faire passer auprès de nos voisins, connaissances et associés pour distants, froids et réservés.

Rappelez-vous la pièce de théâtre de Thornton Wilder *Une petite ville sans histoire*. Le matin du mariage de son fils, Frank Gibbs, le gentil voisin médecin, avoue à sa femme que son appréhension majeure dans les premiers temps de leur mariage était d'arriver à soutenir une conversation avec sa jeune épouse. « J'avais peur, lui dit-il, que nous n'ayons de quoi parler que pour quelques semaines. » Il semble donc que l'acquisition d'aptitudes à la conversation de tous les jours ne soit pas exclusivement une quête des temps modernes.

Si vos conversations battent de l'aile juste après avoir été amorcées ou bien si vous ne participez qu'avec réticence aux réunions professionnelles et sociales, vous avez frappé à la bonne porte. Ce livre vous aidera à acquérir les capacités d'échange verbal nécessaires pour vous sentir posé et confiant dans n'importe quelle situation. Si vous mettez en pratique les techniques simples préconisées ici, vous chasserez les frayeurs qui hantent votre pratique de la conversation. Vous saurez comment faire pour :

- entraîner n'importe quelle personne dans un dialogue constructif ;
- relancer une conversation qui s'éteint ;
- introduire de nouveaux sujets d'échange ;
- vous sentir plus à l'aise dans les manifestations culturelles, les fêtes et les réceptions ;
- développer des relations professionnelles cordiales ;
- vous retirer d'une conversation avec élégance.

Entrons dans le vif du sujet

La « petite conversation » a la mauvaise réputation d'être la parente pauvre de la *vraie conversation* et, pourtant, elle accomplit une fonction extrêmement importante car, sans elle, vous parvenez rarement à établir une *vraie conversation*. La « petite conversation » est le « brise-glace » qui ouvre la voie vers un échange plus intime en jetant les bases de relations plus solides. Ceux qui excellent dans cette pratique sont passés maîtres dans l'art de faire en sorte que l'autre se sente accepté, valorisé et donc à l'aise. Et cela peut aller très loin, jusqu'à développer une relation d'affaires, conclure un marché, ouvrir la voie à une idylle ou nouer une nouvelle amitié.

La bonne nouvelle à propos des techniques de conversation, c'est qu'elles peuvent être apprises par tout le monde. N'allez pas croire que tous ces gens, qui sourient et qui se joignent si gaiement aux autres dans les réunions, ont acquis ce comportement de manière tout à fait naturelle. Bien sûr, certains sont des beaux parleurs innés, mais la plupart ont dû y travailler. Ils se sont entraînés, ont assisté à des séminaires, ont engagé un coach personnel et lu des ouvrages sur le sujet. Vous en doutez ? Croyez-moi, je sais de quoi je parle. Autrefois, j'étais une ingénieur introvertie et socialement maladroite, nul n'avait de plus mauvaises dispositions que moi à cette époque. Je suis devenue une pro du relationnel en apprenant ces techniques puis en les pratiquant. C'est aussi simple que ça.

La première étape consiste à abandonner l'idée que nous sommes tous, d'une manière ou d'une autre, censés savoir comment converser avec des inconnus ou nos connaissances. C'est tout simplement faux. On ne nous enseigne pas comment le faire, il n'existe pas non plus de quelconque mécanisme biologique qui s'enclenche instinctivement pour nous tirer d'un embarras de communication.

Mark Mc Cormack, un avocat de Cleveland qui a fondé l'une des premières entreprises de management sportif aux États-Unis, a dit un jour : « À qualité égale, les gens achèteront plutôt chez un ami. À qualité pas tout à fait égale, les gens achèteront toujours chez ami. » Conclusion : il sera tout à votre avantage de cultiver des amitiés, et pas seulement de faire collection de cartes de visite.

L'art de la conversation est prêt à prendre un nouvel essor. Il y a vingt ans, John Naisbitt, dans son livre à succès, *Les Dix commandements de l'avenir* (*Megatrends*), faisait référence à un monde futur centré sur la haute technologie (*high tech*) mais aspirant d'autant plus au contact (*high touch*). Dans ce monde de haute technologie, nous serions amenés à nous éloigner de notre noyau familial actuel, communiquant avec collègues et amis par fax, courrier électronique et téléphone mobile plutôt que *de visu* ; à entrer et sortir de chez nous en voiture en actionnant l'ouverture automatique de la porte du garage, sans aucune interaction avec nos voisins. Notre nouvelle façon de vivre, de travailler et de nous déplacer engendrerait une absence de lien avec les autres.

Aujourd'hui, nous nous trouvons exactement dans la situation prévue par Naisbitt — isolés chacun dans son cocon, dans ses quelques mètres carrés de bureau ou dans son style de vie. Le nombre d'adhésions aux associations et organismes civiques, religieux ou professionnels a sensiblement diminué parce que nous avons perdu notre capacité à nous rapprocher. Pourtant, en raison des événements du 11 septembre 2001, non seulement nous partageons une expérience commune de grande ampleur, mais nous sommes plus que jamais désireux de parler les uns avec les autres du terrorisme, de la guerre et, parfois, de tout sauf du terrorisme et de la guerre. Si le week-end suivant le 11 septembre, au départ de l'aéroport international de Denver, un pilote a dû donner instruction à ses passagers de se présenter les uns aux autres et de faire connaissance, c'est que nous avons véritablement perdu l'art de la conversation. Nous sommes tellement conditionnés à être respectueux de l'espace de chacun — ou plutôt, à redouter un éventuel rejet — que nous ne savons plus comment engager une conversation avec des inconnus et encore moins comment la poursuivre. Toutefois, grâce à notre désir pressant de contact associé à notre besoin d'aller vers l'autre, lui-même ravivé par cette tragédie partagée, l'art de la conversation pourra refleurir.

Nous devenons meilleurs dans la pratique de la conversation lorsque nous poursuivons deux objectifs fondamentaux.

Premièrement : *Prendre des risques*. C'est à nous qu'il incombe de *prendre le risque* d'engager une conversation avec un inconnu. Nous ne pouvons pas toujours attendre des autres qu'ils viennent vers nous ; c'est plutôt à nous, si timide que nous soyons, de faire le premier pas. Bien sûr, nous craignons tous, à un certain niveau, d'être rejetés. Mais rappelez-vous seulement qu'il y a de pires expériences dans la vie que de subir le rejet de quelqu'un à une réception, une réunion de célibataires, une soirée de rentrée des classes ou une réunion associative.

Deuxièmement : *Endosser la responsabilité*. C'est à chacun de nous de *nous responsabiliser* face à la discussion. Il nous incombe de proposer des sujets de conversation ; c'est à nous de nous rappeler les noms des gens et de les présenter aux autres ; c'est à nous de dissiper les malentendus ou de briser les silences pesants. La plupart d'entre nous espèrent que les autres assumeront ces tâches. Or, c'est à nous-même qu'il revient de favoriser le confort de l'autre. Si les gens se sentent à l'aise en notre présence, ils seront ravis de faire des affaires ou d'établir une relation avec nous.

Parler ne coûte pas cher … mais cela rapporte

La conversation est essentielle pour l'établissement et l'enrichissement des relations d'affaires. Commencez et terminez toujours votre conversation d'affaires par une discussion informelle afin d'humaniser la relation. Les investisseurs choisissent des gestionnaires financiers aussi bien pour leur capacité à les sécuriser et à les faire se sentir à l'aise que pour leur sens de la finance. Et vous, quelle importance accordez-vous au comportement de votre médecin traitant ? Les coiffeurs sont des artistes accomplis de la conversation. Ils savent bien qu'aucune femme ne passera une bonne heure, ou plus, assise sur une chaise à la merci de quelqu'un muni d'un outil tranchant à moins qu'elle ne se sente à l'aise !

De façon indirecte, mais néanmoins capitale, l'échange informel a un rapport avec la façon dont les sociétés et les individus dépensent leur argent. En général, les particuliers et les organisations réalisent leurs dépenses pour deux raisons.

- **Pour résoudre un problème ou répondre à un besoin**. Réfléchissez-y ! Vous vous précipitez dans un lieu de restauration rapide pour déjeuner afin de vous épargner l'attente dans un restaurant classique. Vous engagez une baby-sitter pour vous libérer l'espace d'une soirée. Vous payez une société de jardinage pour tondre votre gazon afin de jouir d'un peu plus de temps libre et éventuellement de réduire vos réactions allergiques.

- **Pour éprouver des sensations agréables et positives**. Ma voisine Susan est toujours dans la même banque alors qu'une autre banque du quartier lui a proposé un compte chèques sans frais de gestion — tout simplement parce qu'elle aime bien les gens qui y travaillent. Mon ami Vince a déménagé à l'autre bout de la ville mais il revient toujours en voiture dans son ancien quartier pour amener son chien chez le vétérinaire. Bien qu'il n'ait avec le vétérinaire que des rapports professionnels, cela ne lui viendrait pas à l'idée d'aller chez quelqu'un d'autre. Il aime bien ce vétérinaire-là.

Un bon interlocuteur suscite souvent les sensations positives que les gens aiment éprouver et, en fin de compte, le choix des consommateurs à propos de l'endroit où ils iront faire leurs dépenses est influencé par la présence ou l'absence de bons rapports humains. Le « bavardage » est une affaire de grande importance parce qu'il est inhérent à l'établissement d'un contact. Parents et enseignants se rencontrent avant une réunion afin d'établir des liens préalables. Les intermédiaires de crédit bavardent avec leurs prescripteurs (comme, par exemple, les firmes juridiques et les agents immobiliers) afin de consolider leur relation et se réserver des affaires. Même un minimum de conversation agréable fera que des clients potentiels se souviendront mieux de vous que de votre concurrent.

Nous vivons dans un monde impitoyable et frénétique. Les médias véhiculent plus de mauvaises que de bonnes nouvelles. Les gens privilégient par conséquent une conversation dans laquelle ils se sentent compris, écoutés et reconnus. On sait qu'ils recherchent ces bienfaits dans les conversations avec leurs amis, mais il est aussi vrai qu'ils choisissent de faire leurs achats et d'avoir recours aux services de personnes qu'ils perçoivent comme étant chaleureuses, amicales et attentionnées. Du cadre supérieur d'une grande société commerciale choisissant un fournisseur jusqu'au parent allant chercher quelques provisions, en passant par le directeur d'une agence de publicité appelant un coursier — les choix des dépenses sont tous influencés par la qualité du contact établi avec l'autre partie.

Assurez-vous d'importants bénéfices grâce à un peu de conversation

Les directeurs efficaces ont recours à une discussion informelle au début d'une réunion pour créer une atmosphère favorable à l'échange et établir une transition vers un dialogue plus significatif et sans doute plus difficile. Une conversation désinvolte et de simples techniques « brise-glace » permettent d'établir un bon contact, de souder une équipe et d'augmenter les chances de succès.

En développant vos compétences dans la conversation, vous pouvez également améliorer la communication avec vos enfants. Vous reconnaîtrez et contournerez la question parentale la plus courante – *Comment ça s'est passé à l'école ?* –, qui tue toute conversation, et éviterez ainsi la réponse monosyllabique habituelle – *Bien* –, en choisissant plutôt d'instaurer un dialogue. Imaginez ! Vous pourrez même avoir une idée de ce qu'ils apprennent à l'école et de qui sont leurs amis !

La petite conversation n'est pas peu de chose. C'est un fil conducteur personnel et professionnel précieux qui rapproche les gens. En apprécier le pouvoir constitue une première étape. En reconnaissant sa valeur, vous serez plus enclin à en acquérir les compétences. Attention, si vous croyez que la maîtrise de la « petite conversation » revient à devenir un beau parleur dans le style vendeur de tapis, vous faites erreur. La discussion informelle est l'équivalent verbal du premier domino : celui qui provoque une réaction en chaîne entraînant toutes sortes de conséquences dans votre vie.

Ce livre contient beaucoup de techniques et de suggestions grâces auxquelles vous bénéficierez des avantages d'une conversation de qualité. Vous n'en viendrez pas nécessairement à adorer les réunions en société ou les réceptions mais vous aurez les moyens d'y avoir du succès. Comme moi, il est probable que vous préférerez malgré tout rester à la maison en compagnie d'un bon livre au lieu d'assister à un événement où vous ne connaîtrez personne. On ne peut pas nier que cela demande un certain effort d'évoluer dans une foule à un cocktail quand la pièce est pleine d'inconnus. Cependant, on ne peut pas non plus nier qu'il existe beaucoup d'événements auxquels nous sommes censés assister. Par conséquent, cela vaut la peine de décupler votre potentiel relationnel, ce que vous obtiendrez justement en affinant vos techniques de conversation. Lorsque vous finirez de lire ce livre, vous posséderez les informations et les ressources qui feront de vous un interlocuteur apprécié dans n'importe quelle occasion. Améliorer vos compétences conversationnelles peut augmenter vos capacités de dirigeant, réduire votre malaise en société, optimiser votre confiance, vous conduire vers de nouvelles amitiés et davantage encore. En fait, il se pourrait même que vous preniez plaisir à la « petite » conversation !

2

Dépassez les préceptes avisés de maman

Il n'est pas étonnant que de nombreuses personnes n'aient pas de techniques de conversation appropriées. Nos plus anciens souvenirs nous hantent et nous conditionnent toujours à l'âge adulte. Notre prime éducation nous empêche d'initier le contact avec l'autre car dans notre petite enfance, à un âge impressionnable, nos parents nous ont appris que :

- « Tout vient à point à qui sait attendre » ;
- « Le silence est d'or » ;
- « On ne prend la parole qu'après être présenté » ;
- « On ne parle pas aux inconnus ».

Étant enfant, ces adages nous ont beaucoup servis. Ils ont contribué à nous préserver et nous ont inculqué la politesse. Mais à présent que nous sommes adultes, notre sécurité n'est pas menacée par chaque nouvelle rencontre ! Maintenant que nous avons assimilé les bonnes manières, il est grand temps de substituer à ces anciens principes des conseils plus judicieux. Je vous en donne quelques-uns.

Quand vous êtes en sécurité, mettez un point d'honneur à adresser la parole à des inconnus

Afin d'étendre votre cercle d'amis et de collègues, il vous faut inclure d'autres personnes dans la conversation : des relations et des inconnus. Il n'existe pas d'autre moyen. Un inconnu peut devenir un ami, un bon client, ou un associé de valeur, conduisant à d'autres expériences et nous introduisant à son tour auprès de nouvelles personnes. Considérez d'abord un inconnu comme une personne susceptible de donner une autre dimension à votre vie et non comme quelqu'un à éviter.

Présentez-vous !

Quand vous a-t-on présenté officiellement à quelqu'un pour la dernière fois ? En fait, lors d'une réunion, l'hôte prend rarement le temps de faire les présentations dans les formes. Vous avez déjà assisté à ce genre d'événement : répondant à l'invitation de l'un de vos meilleurs clients, vous arrivez à l'inauguration d'un complexe hôtelier. Votre client vous accueille, vous débarrasse de votre manteau, vous fait visiter rapidement les lieux, et vous conduit jusqu'au buffet. Puis il repart accueillir un autre invité vous laissant seul à côté du cocktail de crevettes... vous, qui ne connaissez personne. Si vous attendez que votre hôte revienne pour vous présenter à d'autres invités, il y a de grandes chances que vous ne fassiez qu'une seule et unique rencontre : celle des crevettes.

Les temps ont bien changé. Les gens s'attendent à ce que vous les abordiez de votre propre chef, à ce que vous vous présentiez et, enfin, à ce que vous preniez l'initiative de vous engager davantage. Comme le disait le génie du base-ball Babe Ruth : « Que votre crainte de prendre votre envol ne vous empêche pas d'agir ». Rappelez-vous que votre ami le plus intime a été d'abord un inconnu. Jetez-vous à l'eau ! Abordez donc quelqu'un et présentez-vous. Tendez-lui la main, regardez-le dans les yeux et dites, en souriant : « Bonjour, je m'appelle Debra Fine. Ravie de vous connaître ». Vous faites probablement partie d'une institution, de la Chambre de Commerce, d'une association étudiante ou d'un club féminin, d'une église ou d'une synagogue ; vous saurez donc que de telles structures doivent impérativement garder leurs adhérents. Généralement, notre désir de nouer des contacts nous pousse à adhérer à ces organismes, mais nous les quittons faute d'avoir réussi à les établir. Nous n'avons que trop tendance à percevoir les autres comme faisant partie d'un groupe ou d'une clique qui nous exclut.

Il me semble que la plupart d'entre nous peut se reconnaître dans ce poème d'un auteur anonyme :

Pensées d'un nouveau membre

Je vous vois aux réunions,
mais vous ne dites jamais bonjour.

Tout le temps de votre présence
est consacré à vos connaissances.
Voilà que je suis parmi les membres,
et pourtant je me sens si seule.

Les nouveaux se sentent comme moi,
les anciens passent leur chemin.
Zut, c'est vous les gars qui nous pressaient
de venir, nous faisant croire à l'amitié,

Voyez, il n'y a qu'à traverser la salle,
mais vous ne venez pas de notre côté.

Vous ne pouvez donc pas juste hocher la tête et nous sourire,
ou vous arrêter pour nous tendre la main
avant de rejoindre vos amis ?
Ça, je le comprendrais.

Je viendrai à votre prochaine réunion,
et j'espère que vous prendrez
le temps de vous présenter,
car j'ai soif d'amitié.

La prochaine fois que vous assisterez à une soirée, un mariage ou une réception, ou que vous prendrez une pause-café, regardez à la ronde, choisissez la personne disponible pour engager la conversation. Il se peut qu'elle se sente aussi seule que vous.

Du silence comme marque d'impolitesse

Épargnez-vous un peu de souffrance et oubliez l'adage « le silence est d'or ». Je me suis rendu compte pour la première fois de l'inconvénient du silence alors que j'exerçais mon métier d'ingénieur en même temps qu'une collègue qui avait les mêmes diplômes universitaires, les mêmes responsabilités, la même compétence. On nous considérait en tous points comme des égales. Cependant, ma collègue était extravertie et volubile. Tous les membres du personnel – ceux du marketing, des ressources humaines, du service de contrôle de la qualité, ou encore les cadres du siège de l'entreprise – connaissaient son prénom. Notre supérieur immédiat l'avait remarquée et commentait fréquemment son travail. Quand arriva l'heure des promotions, elle en obtint une et moi pas, car mon silence m'avait rendue transparente.

Plus tard, j'ai pu mesurer l'effet négatif du silence ; cela m'a valu une bonne leçon. Mon amie Johnnie, directrice régionale d'une des plus grosses entreprises des États-Unis (classée dans le Fortune 100), me traînait à toutes ses réunions d'entreprise. Son patron, Bob, vice-président senior, y assistait également. J'admirais son calme et son élégance tandis qu'il s'entretenait aisément avec tous. Sa prestance m'impressionnait tant que je lui adressais rarement la parole, malgré l'admiration que je lui portais. S'approchait-il de moi, j'étais trop tendue pour arriver à articuler plus de quelques mots.

Après ma mutation au service des ventes, j'ai contacté Bob pour me rappeler à son bon souvenir et promouvoir les produits de mon entreprise. Avant même que j'aie eu fini de me présenter, Bob me lançait sur un ton véhément : « Je n'y crois pas ! C'est vous qui m'appelez ? Nous nous sommes rencontrés au moins dix fois à des réunions et vous m'avez systématiquement ignoré. Vous êtes la plus grande snob que je connaisse. Je n'ai aucune envie de vous acheter le moindre produit ! » Inutile de vous dire que j'ai été anéantie par sa réaction. Je n'aurais jamais imaginé que la timidité puisse passer pour de l'arrogance. Pourtant, bien que la réserve et la prétention soient deux états d'esprits bien différents, leurs modes d'expression se ressemblent. En général, personne ne vous accordera le bénéfice du doute à cet égard. Veillez à ne pas vous montrer vaniteux ou supérieur en observant le silence, cela coûte très cher. On reconnaîtra bien mieux votre personnalité dès que vous serez engagé dans l'échange. Vous savez combien vous appréciez les efforts des autres lors d'une conversation. Faites-en donc de même et n'oubliez pas que, contrairement à ce que l'on vous a appris, le silence n'est pas d'or.

Les bonnes choses arrivent à ceux qui les obtiennent !

Attendre vous fera perdre un temps fou. Il faut faire le premier pas. Ne pensez pas une seconde de plus que si vous vous contentez d'espérer, les personnes dignes d'intérêt vous aborderont. Il n'en est rien. Par habitude et par facilité, nous avons tendance à aller vers une personne de connaissance — un collègue, un client, voire même un concurrent. Nous nous sentons à l'aise en leur présence parce qu'ils fréquentent les mêmes cercles que nous, emploient le même jargon et sollicitent l'attention des mêmes décideurs. Nous avons déboursé quarante euros pour une soirée et, finalement, nous partons en quête de visages connus. Alors que tout l'intérêt de l'événement était de se faire de nouvelles relations !

S'il existe un lieu par excellence favorisant les rencontres entre personnes, c'est bien la soirée de célibataires. Malheureusement ce type de soirée est connu pour attirer ceux qui font tapisserie. Lors de telles réunions, la plupart des gens — et moi-même la première, jadis — passent le plus clair de leur temps plantés dans leur coin à scruter désespérément la foule pour y repérer un ami. S'il apparaît, les voilà aussitôt pendus l'un à l'autre pendant toute la soirée. Si tel était leur but, pourquoi n'ont-ils pas prévu un dîner à deux ? Et s'ils ne veulent pas sortir ensemble, que font-ils à ne pas se quitter d'un pouce de toute la soirée ? Ils bavardent ! Eh oui ! Ils causent entre eux — c'est facile, commode et rassurant. Ce n'est pourtant, en aucune manière, le moyen de se faire des nouvelles relations et encore moins de susciter une rencontre amoureuse !

Les bonnes choses arrivent à ceux qui osent entreprendre. Agissez, commencez à construire de solides fondations. La vedette de l'écran Will Rogers, figure populaire américaine de légende, s'y entend lorsqu'il dit : « Prenez des risques ! Vous en récolterez les fruits ! ». Sortir de sa coquille peut paraître effrayant mais il ne vous sera guère possible de cueillir les tendres fruits en restant à l'intérieur.

À vous de lancer une conversation

Savez-vous quelle est la plus grande phobie sociale en Amérique ? La prise de parole en public. Et la deuxième plus répandue ? Celle d'engager une conversation avec un inconnu. Rappelez-vous bien que lorsque vous arrivez à un déjeuner ou à une soirée, la plupart des personnes que vous rencontrerez seront mortes de peur à l'idée de vous adresser la parole. La crainte d'essuyer un revers empêche un grand nombre d'entre nous de se lancer dans une conversation alors que la probabilité d'un rejet est en fait très faible. Si toutefois vos efforts pour établir un contact n'étaient pas fructueux, rappelez-vous que vous ne reverrez sans doute plus jamais cette personne. En revanche, si c'est vous qui avez le courage d'initier la conversation, vous serez un héros, vous gagnerez en reconnaissance, en admiration, en qualité de rapports humains. La plupart du temps, les autres soutiendront vos efforts, apprécieront votre sens de l'initiative et votre cordialité.

À vous d'endosser la responsabilité d'une conversation

Si vous attendez d'habitude que ce soit l'autre qui lance la conversation, vous vous montrez égocentrique. Parfaitement ! Vous donnez à votre confort personnel la préséance sur celui des autres. Vous ne faites pas votre part de travail. Si vous avez ainsi négligé votre responsabilité de parole, il est grand temps de vous ressaisir. Vous ne pouvez vous reposer sur l'autre pour qu'il assume l'entière responsabilité de la conversation. Le soliloque est une corvée et rarement intéressant. De surcroît, les réponses monosyllabiques ne témoignent pas d'une volonté de partage des responsabilités.

La première condition à remplir pour devenir un maître *ès* conversation est de vous investir et de vous montrer très coopératif, afin que votre interlocuteur se sente en confiance. Jetez un coup d'œil à la liste de formules « brise-glace » ci-dessous. Obligez-vous à en employer au moins quatre dans votre prochain échange. Craignez-vous de les oublier ? Notez-les, glissez-les dans vos poches, et consultez-les avant d'arriver sur les lieux. Une fois sur place, en cas de trou de mémoire, prétextez de devoir vous absenter un instant et allez aux toilettes réviser la liste. Le sésame « brise-glace » le plus connu et usité est la question séculaire : *Que faites-vous dans la vie ?* Il est si banal qu'il ne figure même pas sur la liste. Il existe d'autres façons d'engager une conversation pour enrichir et renouveler votre bavardage professionnel.

Vous n'aurez pas besoin de l'ensemble des formules, juste de celles qui paraissent les plus adéquates à l'entretien du moment.

N'oubliez pas de préparer également vos réponses car votre interlocuteur vous posera certainement les questions en retour.

Les « brise-glaces » du monde de l'entreprise

1. Décrivez-moi une de vos journées de travail type.
2. Comment avez-vous eu cette idée ?
3. Qu'est-ce qui vous a amené dans ce domaine professionnel ?
4. Qu'est-ce qui vous a conduit à vous intéresser aux marketing/à la recherche/à l'enseignement ?
5. Que préférez-vous dans votre profession ?
6. Qu'est-ce qui distingue votre société de la concurrence ?
7. Pourquoi votre société a-t-elle fait ------- ?
8. Citez-moi quelques-uns des défis de votre profession.
9. Quelles sont les orientations à venir dans votre entreprise ?
10. Quels moyens vous ont paru les plus efficaces pour promouvoir nos produits/services ?
11. Parlez-moi de l'expérience professionnelle qui a le plus compté pour vous.
12. Quel conseil donneriez-vous à quelqu'un venant de débuter dans votre branche ?
13. Quel serait votre projet si vous étiez absolument certain de le mener à bien ?
14. Quelles évolutions sensibles avez-vous constatées dans votre profession depuis vos débuts ?
15. Décrivez l'événement le plus bizarre dont vous ayez été témoin dans votre travail.
16. Quel est le meilleur emploi que vous ayez jamais occupé ? Et le pire ?
17. Quel est l'aspect le plus difficile de votre travail ?
18. Quelle incidence Internet a-t-il eu sur votre entreprise ?
19. Connaissez-vous quelqu'un qui pourrait m'aider à ---- ?
20. Dites-moi comment la conjoncture économique/les élections/la période estivale a affecté votre activité professionnelle.

« Brise-glaces » d'usage courant

1. Que pensez-vous de ce film /de ce restaurant /de cette soirée ?
2. Parlez-moi des plus belles vacances que vous ayez jamais passées.
3. Quelle est votre occupation préférée un jour de pluie ?
4. Si vous reviviez un moment de votre vie, lequel choisiriez-vous ?
5. Quel objet en particulier aimeriez-vous vraiment posséder ? Pourquoi ?
6. Parlez-moi de vos parents préférés.
7. Comment vivait-on dans la ville où vous avez grandi ?
8. En quoi voudriez-vous vous réincarner ?
9. Parlez-moi de vos enfants.
10. Quel est pour vous l'âge idéal ? Pourquoi ?
11. À quoi ressemble pour vous une journée type ?
12. De tous les endroits que vous avez connus, lequel avez-vous le plus aimé ?
13. Quel est votre jour de congé préféré ? Qu'est-ce qui vous plaît ce jour-là ?
14. Quelles traditions familiales appréciez-vous le plus ?
15. Parlez-moi de la toute première voiture que vous avez achetée.
16. Comment Internet a-t-il affecté votre vie ?
17. Quelles étaient vos idoles quand vous étiez petit ? Est-ce toujours les mêmes aujourd'hui ?
18. Parlez-moi du professeur qui vous a le plus impressionné.
19. Parlez-moi d'un film que vous avez vu/d'un livre que vous avez lu plus d'une fois.
20. Quel est votre restaurant préféré ? Pourquoi ?
21. Dites-moi pourquoi on vous a donné le nom de ----. Quelle est l'origine de votre nom de famille ?

22. Parlez-moi d'un lieu que vous avez visité et où vous ne voulez plus jamais vous rendre.
23. Quelle est la meilleure surprise que l'on vous ait jamais faite ?
24. Quelle est la plus grande surprise que vous ayez réservée à quelqu'un ?
25. Ici, faire du ski est toujours un défi. Quelles sont vos destinations de ski préférées ?
26. Quel acteur/quelle actrice voyez-vous interpréter votre vie au cinéma ? Pourquoi lui/elle ?
27. Quelle est la personne la plus célèbre que vous ayez jamais rencontrée ?
28. Parlez-moi de quelques-unes de vos bonnes résolutions pour la nouvelle année.
29. Quel a été votre action la plus anticonformiste ?
30. Décrivez-moi le déguisement que vous portiez lors de l'une de vos soirées.
31. Parlez-moi d'un poste politique que vous aimeriez occuper.
32. Quelle est la chanson qui évoque pour vous un moment particulier de votre vie ?
33. Quel a été votre repas le plus mémorable ?
34. Quelle est la plus extraordinaire coïncidence que vous ayez pu vivre ou dont vous ayez entendu parler ?
35. Comment savez-vous si ce melon est mûr ou non ?
36. Quel star de cinéma aimeriez-vous interviewer ? Pourquoi ?
37. Parlez-moi de votre famille.
38. Quel parfum évoque en vous un souvenir bien précis ?
39. Décrivez-moi la personne la plus froussarde que vous ayez jamais rencontrée.
40. Quelle est votre occupation favorite lorsque vous êtes seul ?

41. Parlez-moi d'un ami d'enfance qui avait l'habitude de vous mettre dans l'embarras ou de vous créer des ennuis.
42. Parlez-moi d'une fois où vous avez vraiment trop mangé ou trop bu.
43. Parlez-moi du moment où vous avez quitté la maison de vos parents. Comment avez-vous vécu ce départ ?
44. Racontez-moi la perte d'un de vos emplois.
45. Faites-moi part d'un souvenir attaché à l'un de vos grands-parents.
46. Décrivez-moi une situation embarrassante que vous avez vécue.
47. Révélez-moi quelque chose que la plupart des gens ne soupçonneraient jamais sur vous.
48. Que feriez-vous si vous gagniez un million de dollars ?
49. Décrivez-moi votre climat préféré. Pourquoi ?
50. Comment avez-vous appris à skier/à monter une cloison isolante/à jouer du piano ?

3

Jetez-vous à l'eau, lancez une conversation !

Vous voilà muni d'une panoplie d'outils pour rompre la glace. Vous savez que si quelqu'un vient vous saluer, vous avez toutes sortes de choses intéressantes dont vous pouvez parler. Le simple fait d'avoir à l'esprit quelques sujets de conversation a déjà accru vos compétences. Cependant, il vous reste quelques lacunes qui peuvent vous causer des palpitations inutiles. Pour le moment, vous ne vous sentez prêt qu'à répondre lorsque qu'on vous invite à l'échange. Par exemple, quand vous allez chercher votre fils à l'école, vous attendez qu'un autre parent vous adresse la parole. Ou bien, au cours d'un dîner d'affaires, vous vous donnez l'air occupé tout en espérant secrètement qu'un collègue vous aborde. Non, non et non, cela n'a pas lieu d'être si stressant.

Matt McGraw, un directeur de services d'informations de Denver, m'a décrit comment il a pu rendre une situation moins stressante grâce à son initiation à la « petite conversation ». « Quand j'étais beaucoup plus jeune, à dix-neuf ou vingt ans, j'étudiais à l'Université de l'Oregon ; j'ai travaillé un ou deux ans à temps partiel à l'hôpital du coin. C'était un travail d'aide-soignant consistant à préparer les patients masculins pour la table d'opération, ce qui incluait le rasage. Comme vous pouvez l'imaginer, c'était une tâche difficile aussi bien pour moi que pour eux. Ma journée débutait à quatre heures trente du matin, et il était donc très tôt lorsque je commençais à préparer mon premier patient. Je passais une heure ou plus avec chacun. Le rasage en lui-même était difficile et générateur de malaise. Les patients avaient faim, ils souffraient et se sentaient gênés de se faire raser par un autre homme. Certains, très malades, se trouvaient face à leur peur de la mort. Une opération chirurgicale à cœur ouvert implique un rasage préalable complet, du menton aux chevilles. J'espère avoir fait sentir toute la difficulté de la tâche.

« Cependant, j'ai vite découvert que tout pouvait se passer cent fois mieux si je leur faisais la conversation. Quand j'arrivais à les distraire, je constatais qu'ils se détendaient et que le temps passait beaucoup plus vite. Nous ne parlions ni de leurs problèmes de santé ni de leur appréhension du moment, pas plus que de politique ou de sport, mais juste de choses légères et faciles — de l'endroit où ils vivaient, à quoi cela ressemblait, d'où ils étaient originaires, etc.

« Je suis donc totalement d'accord avec vous en ce qui concerne l'incroyable pouvoir de la conversation. Il ne s'agit pas de suivre des principes immuables mais tout simplement de reconnaître l'autre en tant qu'être unique. Finalement, je me demande si mes patients ne m'en ont pas dit plus long qu'à tous leurs médecins et infirmières réunis. C'était un boulot passionnant. »

Vous êtes tout à fait capable d'initier une conversation — mais oui, *vous !* C'est loin d'être aussi difficile que vous le pensez. Et le plus beau, c'est que cela vous permet de prendre en main votre propre destin. Au lieu d'attendre qu'une personne lambda vienne vous parler, vous choisissez votre interlocuteur. Voilà le concept : c'est vous qui sélectionnez quelqu'un. Vous pourrez même y trouver du plaisir !

Les règles en sont très simples. Lorsque quelqu'un vous sourit, vous êtes tout naturellement disposé à faire de même. Toutefois, vous pourriez être le premier à sourire et à saluer l'autre. C'est vraiment facile. Il suffit d'esquisser un sourire et de prononcer quelques mots, et c'est gagné. Pensez à regarder l'autre dans les yeux. Cela suffit pour préparer les bases de la relation. En quelques secondes, vous aurez manifesté votre intérêt pour l'autre. Néanmoins, si cette idée vous fait frémir et vous donne envie de sauter dans votre lit pour disparaître sous les couvertures, alors, exercer-vous à exhiber la blancheur de vos dents dans un lieu où rien d'autre n'est requis. Traversez simplement le centre commercial et dites bonjour à dix personnes lorsque vous les croisez. Ensuite, lorsque vous coupez à travers le parking pour vous rendre à l'épicerie, saluez encore trois personnes. Continuez cet exercice jusqu'à ce qu'il devienne une seconde nature.

Mon amie Barb a brusquement quitté les repères sécurisants de son milieu professionnel pour présenter sa candidature au conseil municipal. Elle est déjà naturellement douée pour la conversation, mais elle a découvert quelque chose de primordial pendant sa campagne. Aux réunions publiques, alors que les autres candidats entraient dans la salle, ils se contentaient de prendre leur place sur l'estrade et de s'asseoir pour passer en revue leurs notes et préparer des réponses aux questions anticipées. Barb, elle, circulait parmi le public, établissant d'emblée un contact personnel avec autant de personnes que possible. Elle a ainsi découvert que la meilleure façon de mettre les gens suffisamment en confiance pour les amener à s'ouvrir et à s'exprimer, était de s'approcher d'eux et de les regarder dans les yeux en leur demandant : *Quel est* votre *nom ?* Par le contact visuel et l'accent mis sur le mot *votre* plutôt que le mot *nom*, elle indiquait à la personne la considération qu'elle lui portait. Barb n'a jamais échoué à créer un lien quand elle s'y prenait ainsi.

Qu'y a-t-il dans un nom ?

Bon, maintenant il faut que vous soyez capable de vous arrêter pour parler à quelqu'un au lieu de lui adresser un simple « bonjour » en passant. Efforcez-vous de vous souvenir du prénom de votre interlocuteur. La mémorisation des prénoms ou des noms ainsi que leur emploi fréquent est sans doute la plus importante de toutes les règles menant à la bonne conversation ; soyez donc attentif pendant les présentations. Répétez bien le prénom ou le nom lors de ce premier échange : *Je suis enchanté de faire votre connaissance, Debra.* Pour vous aider à retenir le nom de cette personne introduisez-le d'emblée dans la conversation. Concentrez-vous sur cela dans un premier temps, avant de penser à la qualité de votre réponse.

Si vous étiez distrait pendant les présentations et ne l'avez pas retenu… avouez-le ! Ne faites pas mine de le connaître pendant toute la durée de l'échange. Il est préférable de trouver une formule du genre : *Je suis désolé, je ne suis pas sûr d'avoir saisi votre nom.* Il vaut mieux demander à l'interlocuteur de répéter son nom plutôt que de faire semblant. Ne faites jamais, jamais semblant ! Surtout lorsque vous attendez dans une file de cinéma et que vous rencontrez une connaissance dont vous avez oublié le nom. N'attendez pas l'inspiration divine. Dites plutôt : *Je suis désolé. J'ai oublié votre nom. Voulez-vous bien me le rappeler* ? Cette tactique de prévention vous évitera une catastrophe ultérieure. Par exemple, vous avez oublié le nom de votre client et, au beau milieu de la conversation, votre patron se dirige vers vous… Comment allez-vous arriver à faire les présentations alors que vous n'avez pas retenu le nom du client ? Ne remettez jamais à plus tard le rappel d'un nom qui vous a échappé avant de vous engager dans une conversation, sous peine de le regretter. Le pire, c'est la rencontre fortuite avec un de ces plaisants qui lance, sûr de lui : *Je parie que vous ne vous souvenez pas de mon nom !* Comme je ne suis pas du genre à surenchérir, j'acquiesce sur-le-champ en le priant de bien vouloir me le rappeler !

Inutile de continuer à vous inquiéter et à fuir les gens parce que vous avez oublié leur nom. Prenez vos responsabilités, soyez vrai. Vous constaterez que vous passerez d'un échange de quelques mots à une conversation très agréable. Même quand vous vous trouvez dans un lieu bondé ou que vous faites une course dans une épicerie, dirigez-vous vers la personne pour la saluer. Si vous évitez quelqu'un parce que vous êtes gêné d'avoir oublié son nom, vous joindrez la grossièreté à l'erreur.

Certains, portant des noms étrangers ou peu courants, sont plus susceptibles que d'autres et risquent de se vexer si l'on déforme leur nom ; exercez-vous à bien les prononcer, même s'il faut les faire répéter plus d'une fois. Quand vous faites l'effort d'apprendre le nom de quelqu'un, vous lui témoignez un réel intérêt. Il sera touché par votre accueil chaleureux. Si, au contraire, vous n'avez nulle envie de retenir un nom ou un prénom compliqué, vous vous montrez désobligeant envers l'autre.

Retenir les noms est un effort qui en vaut largement la peine. En fait l'apprentissage du nom ouvre l'hospitalité de la conversation. Connaître le nom de tout le monde est ce qu'on attend naturellement d'un hôte puisqu'il lui incombe de faire les présentations à l'arrivée de nouvelles personnes. On m'avait installée un jour à une table de huit invités, où se trouvaient déjà trois personnes. Au fur et à mesure que d'autres venaient, je les saluais. M'étant présentée, je déclinais les identités des trois autres invités dont j'avais déjà fait la connaissance : *Voici Linda qui travaille à Sun Microsystems, Jon, de Sony, et Sam, de l'Association des Ingénieurs en Sécurité.* Lorsque vous jouez le rôle d'hôte dans un groupe et que vous créez une atmosphère chaleureuse et accueillante, cela stimule naturellement la conversation et chacun se sent à l'aise. De plus, cela vous positionne en leader du groupe.

Halte aux surnoms !

Si l'un de vos collègues vous apprend qu'il s'appelle « Alexandre », ne l'appelez pas « Alex ». S'il voulait que vous l'appeliez « Alex », il vous l'aurait fait savoir. Si quelqu'un porte un nom difficile, faites l'effort de l'apprendre ; ne le raccourcissez pas en un surnom sans y être autorisé ! Je ne supporte pas que quelqu'un abrège mon prénom et m'appelle « Debbie ». Je ne suis pas la seule à subir un tel préjudice. Je me souviens qu'à la fin d'une réunion, une femme du nom de Julia s'est approchée de moi en me disant : « Debra, j'aimerais vous parler… moi aussi je m'appelais Debra. À l'époque où je donnais des conférences pour le gouvernement, quand on me posait une question, on m'appelait systématiquement Debbie. Or, je déteste ce prénom. Et comme je ne voulais plus qu'on m'appelle de la sorte, finalement j'ai choisi de m'appeler Julia ! »

Faites toujours attention à faire un bon usage des noms. Prononcez-les correctement ! Par exemple, j'appelle un client, sa secrétaire répond : *Bonjour, vous êtes en relation avec le bureau de Catherine Winter, c'est Suzanne à l'appareil.* Je réponds avec un : *Bonjour Suzanne. C'est Debra Fine. Puis-je parler à Catherine ?* Notez que j'ai employé le nom exact de chaque personne sans me permettre aucune liberté. Susan a un rôle important, elle est l'intermédiaire entre moi et ma cliente. Cela me desservirait d'omettre son nom ou bien de le raccourcir en l'appelant « Su ». Appeler les gens par leur nom, c'est leur montrer l'intérêt que vous leur portez ; ils sentent qu'ils comptent pour vous.

Autre exemple. Un jour, je suis allée au vidéo-club rendre deux cassettes. J'avais dépassé la durée du prêt. En attendant que les détails de ma situation s'affichent sur l'ordinateur, je me suis mise à discuter avec l'employé. Au cours de cette petite conversation, je l'ai appelé par son nom et lui ai demandé s'il avait vu tous les films en location du magasin. Alors, quand les frais de retard sont apparus à l'écran, il m'en a fait grâce en me souhaitant une bonne journée ! Vous voyez, si vous prenez véritablement en compte le nom de votre interlocuteur, il sera touché de votre délicatesse.

Mieux vaut donner que recevoir

Il est tout aussi important d'indiquer votre nom lorsque vous rencontrez quelqu'un – même si vous avez déjà fait sa connaissance et que vous estimez qu'il devrait s'en souvenir. Considérez cela comme une manifestation spontanée de générosité. Tendez la main : *Bonjour Patrick, je m'appelle Debra Fine. Comment allez-vous ?* En disant mon nom, j'évite à Patrick une situation embarrassante au cas où il l'aurait oublié. Son oubli passerait alors inaperçu et il n'aurait pas à gaspiller du temps de conversation à essayer de se le remémorer.

Mon second et très cher époux est parodontiste. En général, ces praticiens ne sont guère réputés pour leur charme ou leur sociabilité. Souvent, lorsque nous sortons ensemble, ses patients le reconnaissent et engagent la conversation sans songer à rappeler leur nom. Mon mari se sent gêné car il n'a plus la moindre idée de qui il s'agit. Et comme il bute déjà au stade des présentations, il peut encore moins m'inviter à me joindre à la conversation. Ne supposez jamais qu'une personne que vous voyez peu souvent se rappellera votre nom, surtout si vous la croisez dans un nouveau contexte. Vous vous souviendrez bien plus facilement du nom de cette agent immobilier qui vous avait baladé tout un dimanche d'une visite de maison à l'autre, qu'elle ne se rappellera le vôtre, surtout si vous êtes cette fois en jogging à une pompe à essence. Simplifiez-lui la vie. Rappelez-lui votre nom en lui disant bonjour.

4

Faites durer la conversation !

N'oubliez pas : au lieu de passer votre vie à attendre qu'une âme charitable vous entraîne dans une conversation, prenez-en l'initiative. Imaginez que vous avez invité une personne à dîner. L'hôte que vous êtes doit veiller à ce que son invité se sente bien. Il en va de même avec la conversation : essayez de mettre votre interlocuteur aussi à l'aise que possible. Lorsque vous arrivez à une soirée ou une réunion, trouvez quelqu'un à qui parler. Il est bien plus facile de parler à deux que de se joindre à la discussion d'un groupe ; cherchez donc d'abord une « personne disponible ».

Cette personne en question est celle qui échange un regard avec vous ou bien celle qui n'est ni absorbée dans une conversation ni dans une autre activité – en train de lire son journal ou de travailler à l'ordinateur. C'est cette personne qui va se chercher toute seule quelque chose à manger, celle assise seule à une table ou celle traversant la pièce non accompagnée. Le plus souvent, de telles personnes sont soulagées que quelqu'un fasse le premier pas en les invitant au dialogue. Croyez-moi, j'ai fréquenté des tas de gens comme ça – intelligents, intéressants, accueillants... et timides. Ils en étaient exactement au même point que vous, avant que vous n'ayez décidé d'améliorer vos compétences relationnelles. Si vous avez le courage de vous jeter à l'eau de la conversation, nul doute que vous serez accueilli en sauveur.

Quand vous entrez dans une pièce, regardez discrètement à la ronde. Peu importe l'évènement – qu'il s'agisse d'une réunion, d'une réception, d'une *baby shower*[1], d'une soirée, et même d'une fête de famille – il y aura toujours parmi les personnes présentes des solitaires, certains debout, d'autres assis à une table. N'attendez pas ; croisez le regard de quelqu'un et soyez le premier à sourire. Vous verrez, on vous répondra par un sourire. Vous aurez mis la personne à l'aise, comme un hôte aurait su le faire ! Les gens vous montreront leur reconnaissance en vous écoutant attentivement et vous donneront l'occasion de vous exercer à « briser la glace ».

Non seulement ces formules sont un bon moyen d'initier une conversation, mais certaines sont accompagnées de questions qui vous permettent de faire progresser l'échange. Ne vous contentez pas d'une formule seule. Lorsque vous vous adressez à quelqu'un en employant une seule phrase, c'est comme si vous lanciez une balle les yeux bandés, sans savoir où elle va atterrir ni même si elle sera renvoyée. Par exemple : *Quelle belle journée* ou *C'était un super* ______ sont des invitations à l'échange certes enthousiastes mais pas assez explicites. Mieux vaut être aussi direct que possible pour bien montrer que vous souhaitez le dialogue.

1. Fête autour d'un nouveau-né, où l'enfant (et sa mère) reçoivent une « pluie » (shower) de cadeaux. (N.d.T.)

Commencez par une affirmation

- Quelle belle journée ! Quelle est la saison de l'année que vous préférez ?
- Ce film m'a vraiment touché. Vous l'avez aimé ? Pourquoi ?
- Ce restaurant est excellent. Quel est votre restaurant préféré ? Pourquoi ?
- Quel colloque intéressant ! Parlez-moi des séances de travail auxquelles vous avez assisté.
- J'étais absent la semaine dernière. Qu'ai-je manqué ?
- C'était un programme intéressant après le déjeuner. Qu'en pensez-vous ?
- Il semble que les campagnes présidentielles vont commencer immédiatement après l'inauguration. Que pensez-vous du déroulement de la campagne ?
- J'ai tant de mal à faire décoller cette entreprise, auriez-vous un bon conseil à me donner ?
- Je suis enthousiasmé par notre nouvelle mairesse. Pensez-vous que sa gestion sera différente de celle de son prédécesseur ?
- Votre pelouse est toujours d'un vert éclatant. Quel est votre secret ?
- Nous travaillons ensemble depuis des mois maintenant. J'aimerais faire plus ample connaissance. Quels sont vos centres d'intérêt en dehors du travail ?
- Vous vous êtes donné à fond sur ce monte-marches. Quelle autre machine utilisez-vous pour garder la forme ?
- Vous portez toujours des vêtements si élégants. Quelles sont vos boutiques préférées ?
- Quel bel intérieur ! Comment faites-vous pour tenir une maison si parfaitement avec quatre enfants ?
- J'ai lu dans le journal que notre gouverneur a fait un nouveau voyage à l'étranger. Que pensez-vous de tous ces voyages ?

FORMULES DE DÉMARRAGE

Comme bien des choses qui nous sont peu familières, ouvrir une conversation peut paraître plus difficile que cela ne l'est en réalité. Pour vous le prouver, voici une petite anecdote. Dans un reportage pour le journal télévisé national, on a envoyé un jeune homme, un micro caché sur lui, à une soirée. Il avait pour mission de lancer un maximum de conversations avec des femmes en utilisant la formule ridicule : *Salut, de quel signe êtes-vous ?* Aujourd'hui, à l'aube du troisième millénaire, voilà qu'il employait une formule des années 1970 ! Et ça marchait ! Le jeune homme s'est approché d'une femme, a souri et prononcé sa formule. Elle a répondu : *— Taureau, et vous ? — Balance ! Vous vous y connaissez en astrologie ?* a-t-il enchaîné. Et leur conversation a continué de façon tout à fait intéressante.

La morale de l'histoire ? C'est l'effort qui compte ! L'important, c'est de sauter le pas et d'amorcer la conversation. Ce jeune homme a réussi sa mission parce qu'il s'intéressait aux propos de ses interlocutrices, et que celles-ci y ont été particulièrement sensibles. Il est certes flatteur mais surtout primordial de manifester un véritable intérêt pour toute conversation. Si vous êtes curieux de savoir comment je m'y suis prise pour me débarrasser de mes trente kilos superflus ou comment je me suis enfin mise à mon compte, ou tout autre information me concernant, je me sens prise en considération. De ce fait, vous me faites bonne impression et j'ai envie de continuer à vous parler. Plus vous me témoignez d'intérêt, plus vous me paraissez intéressant. Le simple fait de s'intéresser réellement à votre interlocuteur produit un extraordinaire effet d'entraînement sur la conversation !

Le succès est à votre portée, pourvu que vous fassiez le premier pas. Vous serez surpris par une telle facilité ainsi que par les encouragements qui vous seront prodigués dès que vous lancerez une conversation. Ne perdez pas de vue les quatre principes suivants et vous serez en bonne voie pour un très agréable échange.

1. Établissez un contact visuel.
2. Souriez.
3. Allez au-devant de la personne disponible !
4. Dites votre nom et employez ceux des autres.

Essayez ! Vous découvrirez que le jeu en vaut la chandelle. Le plus dur, c'est le risque que vous prenez en saluant le premier ! Il n'existe pas de procédé infaillible pour briser la glace. *Vous êtes de quel signe ?* est une formule franchement risquée ; pourtant, aussi ridicule qu'elle puisse paraître, elle a marché dans le cas du jeune homme parce que les femmes ainsi interpellées ont toutes décidé de consentir au dialogue. Quand on y pense, nous fonctionnons tous un peu ainsi. Lorsque quelqu'un nous aborde, on le jauge en un clin d'œil, puis on détermine si l'on est vraiment d'humeur à bavarder et, finalement, on évalue si une éventuelle discussion vaut le temps qu'on y passera. Les personnes invitées à l'échange ont en fait déjà décidé si elles souhaitaient le dialogue, quels que soient les mots d'introduction utilisés.

Souvent, les gens commettent l'énorme erreur de croire qu'ils n'ont rien de commun avec quelqu'un d'autre. Nous nous laissons influencer par des préjugés de toutes sortes sur les différences, qui nous font redouter le contact et fuir le dialogue. Ces particularités, qu'elles soient sexuelles, ethniques, sociales, générationnelles, professionnelles, culturelles ou autres, entravent notre réussite en créant des barrières imaginaires. Au cours de mes déplacements à travers le pays, j'ai eu l'occasion de m'entretenir avec des centaines de personnes de toutes conditions. J'en ai conclu que nous avons tous bien plus de points communs que de différences. En somme, il s'agit juste de parler ensemble, de manifester un intérêt l'un pour l'autre et de savoir écouter. J'aborde la conversation comme l'épluchage d'un oignon, en ôtant doucement une peau après l'autre. Et je suis agréablement surprise de constater combien il est enrichissant et gratifiant de faire l'effort de parler à un inconnu.

Au cours de l'un de mes premiers ateliers de « Petite Conversation », j'ai prié chacun des participants de se présenter, en leur demandant d'exposer les raisons de leur présence. Le premier fut Bob, ingénieur du service après-vente de Motorola. Il nous confia que son patron voulait qu'il améliore ses capacités de communication avec les clients. Il ajouta que, bien qu'il ne soit pas venu de son propre chef, il était ravi de cette formation car il venait d'emménager dans la toute petite ville d'Elizabeth, dans le Colorado. Célibataire et sans compagne, il se sentait isolé et éprouvait le besoin de rencontrer des gens. Voilà ce qui s'ensuivit :

Debra : Un moment, Bob, vous dites bien *Elizabeth*, dans le Colorado ? Vous savez, moi j'ai vécu dans la commune d'Elizabeth ; à la limite du chef-lieu de Douglas, près de la ville de Parker. Est-ce là que vous êtes ? Ou bien êtes-vous dans la ville d'Elizabeth même ?

Bob : En réalité, je suis aussi tout près de la ville de Parker, dans un lotissement appelé Ponderosa Park.

Debra : Ponderosa Park ? Mais Bob, quelle coïncidence ! C'est là que j'habitais ! Tout près de Ponderosa Lane et Overlook Road.

Bob : Ça alors ! Figurez-vous que j'habite sur Overlook !

Debra : C'est incroyable, Bob ! J'habitais dans une maison en rondins au 120 Overlook Road.

Bob : Ça c'est vraiment incroyable, Debra ! J'habite cette même maison en rondins du 120 Overlook Drive !

En 1985, mon mari et moi avions vendu cette maison à une famille qui l'avait ensuite vendue à Bob. Grâce à notre rencontre fortuite et surtout parce que j'ai voulu en savoir davantage, j'ai eu la chance d'être invitée par Bob à lui rendre visite chez lui avec ma famille pour revoir la maison. Bien entendu, j'étais ravie ! Nous nous sommes donc tous rendus chez Bob et ce fut une expérience fantastique pour mes enfants ; ils ont ainsi eu la chance de connaître une partie de leur petite enfance qui aurait autrement été perdue car ils étaient bien trop jeunes à l'époque pour s'en souvenir.

Alors, sortez de votre réserve et, vous verrez, vous en serez amplement récompensé. Vous avez toute une batterie de formules « brise-glace » pour commencer. Je vous ai épargné *Vous êtes de quel signe ?* – mais vous pouvez toujours la rajouter !

Il est bien difficile d'interrompre

À présent, vous êtes capable de vaincre votre timidité pour oser vous approcher de la personne dont vous désirez tant faire la connaissance. Hélas, elle est déjà en grande conversation avec quelqu'un d'autre. Alors, comment allez-vous vous y prendre ? Bien entendu, l'attitude la plus convenable serait d'attendre qu'on daigne vous remarquer ; cependant, si les deux personnes sont engagées dans une vive discussion, vous risquez de rester sur la touche à moins que vous ne preniez l'initiative de les interrompre. Et pendant ce temps, vous vous trouvez bêtement planté là en présence de ces deux personnes si absorbées par leur échange.

À ma connaissance, la meilleure méthode d'approche pour interrompre une discussion est celle que l'on adoptait jadis dans les salles de bals. À l'époque des mœurs « courtoises », si un danseur désirait inviter une partenaire déjà accompagnée, il lui suffisait de toucher discrètement l'épaule du cavalier de la dame afin que celui-ci lui cède sa place.

Si, au lieu d'un « couple de danseurs », vous désirez interrompre deux personnes qui discutent, patientez poliment et, lorsqu'ils marqueront une pause, adressez-vous à la personne avec laquelle vous n'avez pas l'intention de vous entretenir, pour lui faire savoir que vous souhaitez vous joindre à la conversation. La plupart des personnes, fort heureusement, sont suffisamment bien élevées pour ne pas repousser votre requête. Elles vous donneront leur accord. Vous y voilà ! Vous vous êtes conduit assez habilement pour attirer l'attention de l'interlocuteur de votre choix, et ce, en faisant montre de tact. Une autre possibilité, évidemment moins intrusive, consisterait à interrompre poliment la conversation en signifiant à la personne qui vous intéresse que vous souhaiteriez vous entretenir avec elle au cours de la soirée, lorsqu'elle sera disponible. Vous serez alors invité sur-le-champ à prendre part à la conversation, ou bien la personne se mettra plus tard à votre recherche. Dans un cas comme dans l'autre, elle aura déjà remarqué votre effort pour établir le contact.

UNE PARTIE À CINQ

Bien sûr, un novice dans l'Art de la Petite Conversation aura le plus grand mal à interrompre le cours d'une conversation à deux et, à plus forte raison, une conversation entre cinq personnes ou plus. En présence d'un groupe de cette taille, bien constitué, avancez à pas feutrés, en toute discrétion. Que ce soit par nécessité ou par simple curiosité, si vous désirez parler à ces personnes, utilisez les tactiques suivantes.

• **Portez votre intérêt sur celui qui a la parole, tout en restant légèrement en retrait.** Un tel groupe met du temps à se montrer accueillant et chaleureux. Habituez-le donc progressivement à votre présence. Il vous acceptera petit à petit.

• **Immiscez-vous dans le groupe en montrant que vous avez suivi attentivement leur discussion.** Sachez reconnaître les signes d'accueil, par exemple, quand on demande votre avis ou qu'on vous invite à prendre place à côté de l'un ou de l'autre membre du groupe.

• **En premier lieu, il est préférable d'exprimer une opinion en accord avec le groupe. À défaut, faites un signe d'approbation à celui qui a la parole.** Ne vous précipitez pas, attendez le moment propice pour secouer tout le monde d'une vague d'opinions radicales ou vous risqueriez de faire sombrer l'équipage. Avant de dévoiler le fond de votre pensée attendez que le groupe vous témoigne de la sympathie. Si vous agissez trop impétueusement, le groupe vous en voudra de votre intrusion et se dispersera. Ensuite, il vous faudra repartir à zéro dans votre quête de quelqu'un à qui parler – quelqu'un que vous n'aurez pas offensé !

5

Proposons des sujets de conversation

Vous avez souri, amorcé un contact visuel, trouvé la personne disponible, dit votre nom et employé celui de votre interlocuteur. « Que reste-t-il à faire maintenant ? » vous demandez-vous. Eh bien, beaucoup de choses ! Pas d'inquiétude — c'est là où ça commence à devenir vraiment amusant. Si vous êtes du genre introverti, ce chapitre vous plaira certainement parce que vous restez en retrait.

Votre rôle consistera à inciter vos interlocuteurs à parler d'eux-mêmes. La plupart des gens aiment partager l'histoire de leur vie, si vous leur en donnez l'occasion, vous verrez qu'ils se mettront volontiers à parler. C'est une voie royale simplissime vers le succès d'une petite conversation.

Tout est dans la manière de demander

En posant des questions « ouvertes », vous offrez à votre interlocuteur l'occasion de se dévoiler autant qu'il ou elle le souhaite. Bien que réclamant un peu plus qu'une réponse par un simple *oui* ou *non,* ces questions n'imposent aucune contrainte. Votre interlocuteur choisira ce qu'il voudra révéler. Ce type de questions est efficace auprès de collègues, d'enfants, de voisins, de beaux-parents, de contacts professionnels, d'amis et de nouvelles connaissances. La clef de leur bon usage consiste, certes, à choisir la bonne question ouverte mais aussi à la faire suivre d'une autre, si nécessaire.

Prenons par exemple les interlocuteurs les plus réfractaires qui soient aux longues conversations : les enfants d'âge scolaire. Établir un véritable dialogue avec eux est une tâche si ardue que c'est presque un oxymore de parler d'eux comme de partenaire de conversation. Néanmoins, puisqu'il s'agit d'enfants, je fais appel à ma patience et en profite pour parfaire mes aptitudes à la conversation avec mes deux gosses. Et je sais que je n'ai pas perdu la main quand j'arrive à les entraîner dans un dialogue constructif.

En fin de journée, dès que mes enfants rentrent de l'école, je leur demande : *Comment ça s'est passé à l'école aujourd'hui ?* Bien sûr, j'entends en stéréo l'inévitable : *Bien*. Mais, au lieu de me voir dans l'impasse, aussitôt je poursuis par : *Qu'est-ce que vous avez aimé faire ?* D'habitude, mon fils adolescent répond : *Je ne sais pas*. Je le regarde droit dans les yeux et lui dis : *Vraiment ? Parle-moi du cours qui t'a plu aujourd'hui.* Il y réfléchit pendant quelques instants et finalement me répond : *Les sciences*. Puis j'enchaîne : *Qu'est-ce que tu as aimé en sciences ?* Alors, il se lance dans une description très vivante de l'expérience qu'ils ont faite et voilà, nous sommes en train de parler. Le tout c'est d'ouvrir la conversation et de montrer que cela vous intéresse vraiment.

Des questions ouvertes

- Décrivez-moi…
- Parlez-moi de…
- Comment avez-vous…?
- Comment l'avez-vous vécu ?
- Qu'est-ce qui vous a amené à… ?
- Pourquoi ?

Approfondir

Le lundi, dans la plupart des bureaux du pays, on entend les gens se demander mutuellement : *Vous avez passé un bon week-end ?* Cette question déclenche le plus souvent la réponse : *Oui. Et vous ?* et avant même qu'elle soit prononcée, vous êtes déjà dix pas plus loin dans le couloir. Qu'est-ce que cela signifie vraiment ? Tout simplement, que vous n'êtes pas vraiment intéressé, que vous disiez juste bonjour. De même, *Vous avez passé de bonnes vacances ? Avez-vous bien profité de votre congé ? Ça se passe bien au travail ? Comment allez-vous ? Quoi de neuf ? Toujours en forme ?* Aux États-Unis, toutes ces questions quotidiennes sont juste d'autres façons de dire bonjour. Il est généralement admis que de telles questions sont une forme de salutation et non une véritable question. Mais seulement en Amérique. Car dans la plupart des autres cultures ou pays *Comment allez-vous ?* signifie vraiment *Comment allez-vous ?* Il serait donc considéré comme grossier de poser cette question sans attendre la réponse.

La plupart du temps, la conversation s'achève aussitôt après un bref échange. Par exemple, si je demande à mon mari, Steve : *Comment était ta journée ?* Il répond *Très bonne*. La conversation se dissipe non pas parce que la réponse conduit à une impasse mais parce qu'elle n'est suivie d'aucune autre question. Mon mari pense que je ne me soucie pas vraiment de sa journée tant que je n'en demande pas plus. Je lui tends alors une nouvelle perche : *Et qu'est-ce qui l'a rendue si bonne ? Qu'est-ce qui s'est passé pour toi aujourd'hui ?*

Le scénario suivant illustre une conversation embourbée, enfilant les clichés :

Debra : Salut Jon ! Comment vas-tu aujourd'hui ?

Jon : J'ai plutôt le cafard.

Debra : Allons, Jon, courage !

Jon : Tu sais… je crois qu'on va me virer !

Debra : Les bons postes sont rares.

Jon : Tu crois que je devrais me mettre à chercher un nouveau boulot dès maintenant ?

Debra : Si tu ne lèves pas le petit doigt, tu pourrais vite te retrouver en carafe, peut-être même plus capable de faire bouillir la marmite, encore moins de garder le moral et ce serait un sacré pétrin, n'est-ce pas ?

Jon : Tu penses que la meilleure solution serait de consulter les petites annonces ?

Debra : Bien sûr. Prends le taureau par les cornes. Fais face et brave la tempête. N'oublie pas que tu n'es pas né de la dernière pluie et que tu n'es plus tout jeune. Si tu te lances, tu seras peut-être assailli de propositions, à ne plus savoir où donner de la tête !

Chaque fois que vous entamez un dialogue par une question, préparez-vous à aller plus loin afin que votre interlocuteur sente le sérieux de votre intérêt. Le fait d'approfondir manifeste que vous souhaitez vraiment obtenir une réponse et êtes prêt à consacrer du temps pour l'entendre. Voici quelques suggestions.

- Comment était votre été ? Excellent. Qu'avez-vous fait de spécial ?
- Comment se sont passées vos fêtes ? Pas mal. Comment les avez-vous célébrées ?
- Comment était votre week-end ? Bon, merci. Qu'est-ce que vous avez fait ? Je suis allé voir la nouvelle pièce au Théâtre municipal. Vraiment ? Vous vous intéressez à ______ ? Je ne savais pas ! Racontez-moi.
- Avez-vous fait quelque chose de reposant ?
- Est-ce quelque chose que vous faites souvent le week-end ?

Si vous posez des questions pertinentes, une conversation avec un collègue de travail à propos du week-end peut même durer le temps de savourer une tasse de café. L'important est de témoigner un réel intérêt pour ce que l'autre est en train de vous dire ainsi qu'une attente véritable de la réponse. Ainsi, bien que vous soyez amené à vous taire, vous n'en êtes pas passif pour autant.

Supposons maintenant que vous appeliez un client ou votre patron pour lui demander des nouvelles de son week-end, la conversation pourrait prendre l'allure suivante.

Avez-vous passé un bon week-end ? Parfait, merci. *Racontez.* Eh bien, nous avons fait du jardinage et c'est à peu près tout. Dites-moi, maintenant, à propos de ce projet…

Il vous faut alors remarquer que votre interlocuteur a réorienté la conversation pour en revenir aux affaires. C'est signe qu'il ne souhaite pas bavarder à cet instant précis. Respectez son souhait en adoptant sur-le-champ un discours professionnel.

Voici d'autres exemples d'approfondissement. Vous demandez : *Comment allez-vous ces derniers temps ?* et on vous répond, de manière expéditive : Je *suis très occupé*. Les réactions possibles comprennent : *Mais comment arrivez-vous à gérer autant de travail ? Comment se fait-il que vous soyez si occupé ? Décrivez-moi une de vos journées très occupées. Est-ce que vous aimez être très occupé ? Vous semble-t-il qu'il y ait des cycles de surcroît de travail qui reviennent durant votre année de travail ? Avez-vous en mémoire une période de votre vie où vous n'étiez pas aussi occupé ?*

Ou bien, vous avancez : *Quel temps épouvantable, n'est-ce pas ?* et recevez en réponse : *Ça c'est sûr*. Reprenez tout de même : *Est-ce qu'il peut faire encore plus mauvais dans cette partie du pays ? Quel est pour vous le climat idéal ? Comment vivez-vous ce mauvais temps ? Avez-vous déjà vécu dans une région où il fait si mauvais temps ? Qu'est-ce qui vous a amené ici ?*

Ce message que j'ai reçu d'un directeur d'une importante entreprise du secteur aérospatial montre tout l'intérêt d'approfondir la conversation. Il raconte qu'il avait envoyé un mail à une collègue pour prendre des nouvelles de sa récente promotion. *Comment ça va dans votre nouveau travail ?* Réponse : *Plutôt bien !* Au lieu d'accepter cette réponse succincte, il réitéra sa question dans un nouveau mail : *Cela m'intéresserait vraiment de savoir… comment se sont passés ces débuts ?* Cela lui valut une réponse détaillée décrivant aussi bien les difficultés que les enjeux de ses nouvelles fonctions.

Il est beaucoup plus facile de poser des questions « ouvertes » à des gens que vous connaissez qu'à ceux que vous venez de rencontrer. Faites preuve de discrétion avec vos nouvelles connaissances. Poser une question embarrassante pourrait mettre l'autre dans une situation délicate. De même, faites attention à éviter des questions ouvertes qui, en fait, ne requièrent qu'une réponse en un ou deux mots.

Voici quelques nouvelles façons de poser des questions classiques :

Au lieu de demander :	**Essayez plutôt :**
Êtes-vous marié(e) ?	***Parlez-moi de votre famille.***
Que faites-vous dans la vie ?	***Parlez-moi de votre entreprise/travail.***
Avez-vous des enfants ?	***Parlez-moi de votre famille.***
Quel est votre passe-temps préféré ?	***Parlez-moi de votre passe-temps préféré.***
Comment s'est passé votre week-end ?	***Quel a été le meilleur moment de votre week-end ? Qu'avez-vous fait de particulier ce week-end ?***

Quand vous devez faire du relationnel lors d'un événement de votre branche d'activité ou inviter un client à déjeuner, préparez-vous en sélectionnant quelques questions d'ordre professionnel. À la page 63, vous en trouverez quelques-unes qui ont fait leurs preuves. Évidemment, le but n'est pas de poser toutes ces questions mais d'en choisir quelques-unes et de les avoir sous la main afin de vous sentir préparé, serein et confiant.

Prenez ce qui vient à vous

Si vous êtes fin observateur, vous découvrirez que la petite cohorte de vos interlocuteurs vous fournit une pléthore d'informations pour faire durer l'échange. Les diverses sources ainsi mises à votre disposition incluent :

Les réponses aux questions « ouvertes ». Quand vous prierez quelqu'un de vous parler de sa famille ou son travail, vous recevrez quantité d'informations supplémentaires que vous pourrez utiliser pour poursuivre la conversation. Imaginons que vous me demandiez : *Debra, comment se fait-il que vous ayez travaillé dans la planification des produits pour AT&T ?* Je vous répondrais : *J'étais dans la R&D (Recherche & Développement) à Buffalo, dans l'État de New York, d'où je suis originaire et je détestais ce travail. J'avais horreur d'être ingénieur. Il n'y avait même pas de sachets pour serviettes hygiéniques dans les toilettes ! J'ai donc demandé à être mutée ailleurs, n'importe où. Ils m'ont transférée à Denver pour travailler à la planification des produits.*

Comme vous le voyez, j'ai fourni de nombreux éléments : je vous ai dit que je venais de Buffalo, que j'avais commencé dans la R&D et que je détestais être ingénieur. Vous pouvez choisir n'importe laquelle de ces informations pour approfondir ce qui vous paraît le plus intéressant. Il y a une bonne douzaine de question que vous pouvez poser pour soutenir agréablement la conversation, parmi lesquelles :

- *Les hivers à Buffalo sont-ils vraiment aussi mauvais qu'on le dit ?*
- *Pourquoi n'aimiez-vous pas le métier d'ingénieur ?*
- *Auriez-vous eu une progression de carrière différente s'il y avait eu des sachets pour serviettes hygiéniques dans cette entreprise ?*

• *À quoi ressemble le travail au service de « Recherche et Développement » d'une multinationale comme AT&T ?*
• *Était-ce difficile de vivre avec l'éternel perdant du championnat de football américain ?*
• *Où avez-vous fait vos études d'ingénieur ?*

Questions infaillibles pour toutes occasions professionnelles

• Comment avez-vous débuté dans votre métier ?
• Comment cette idée vous est-elle venue ?
• Qu'est-ce qui vous a attiré vers ______ (occupation/ métier /branche) ?
• Quel a été votre point de départ ?
• Dites-moi ce que vous préférez dans votre profession.
• Qu'est-ce qui différencie votre société de la concurrence ?
• Citez-moi quelques-uns des défis auxquels fait face votre profession.
• Quelles sont les orientations à venir dans votre entreprise ?
• Quels moyens vous semblent les plus adaptés à la promotion de vos affaires ?
• Racontez-moi votre expérience professionnelle la plus mémorable.
• Quel conseil donneriez-vous à quelqu'un venant de débuter dans votre domaine d'activité ?
• Quel serait votre projet si vous étiez absolument certain de le faire aboutir ?
• Quelles évolutions sensibles avez-vous constatées depuis vos débuts dans votre profession ?
• Quel est l'incident le plus bizarre qui vous soit jamais arrivé dans votre travail ?
• Comment Internet a-t-il affecté votre entreprise ? Et votre profession dans son ensemble ?

Les apparences : portez des badges, insignes et bijoux. L'homme derrière moi dans la file d'attente de la boulangerie portait un petit badge au revers de sa veste. J'ai demandé ce que c'était et découvert qu'il faisait partie du Rotary Club du quartier. Après ce début peu prometteur, nous avons eu une très agréable conversation. Nous avions en commun d'être au Rotary.

Les maillots d'équipes et autres vêtements marqués de logos, les accessoires, les gourdes et sous-mains pour la prise de notes, sont autant d'éléments pour démarrer une conversation. Exercez votre sens de l'observation : repérez une nouvelle coupe de cheveux, un livre ou un magazine, un dessin d'enfant ou un membre dans le plâtre. Voici quelques pistes :

• *On dirait que vous êtes un supporter des Denver Broncos Que pensez-vous de leur dernière saison ?*

• *Je vois que vous portez un t-shirt du Hard Rock Café de Londres. Y êtes-vous allé ? Qu'en pensez-vous ?*

• *Je vois que vous avez fait le Marathon de l'Espoir. À quels autres marathons avez-vous participé ?*

L'aménagement des bureaux et des maisons constituent des sujets de conversation en puissance :

• Un diplôme encadré, au mur, vous offre une entrée en matière : *Pourquoi avez-vous choisi l'Université du Michigan pour vos études de troisième cycle ?*

• Quasiment tout objet ou photographie exposé peut être prétexte à démarrer une conversation : *Vous devez aimer le golf — parlez-moi de ce trophée.*

• *Quelle œuvre d'art intéressante. D'où vient-elle ?*

• *Parlez-moi un peu de cette photo. Qui est cette personne à côté de vous ?*

Le lieu et l'occasion. Le lieu ainsi que la raison d'un événement vous offre une grande variété d'informations. À un mariage, par exemple : *J'étais la compagne de chambre de la mariée en cité universitaire. Et vous, comment connaissez-vous le couple ?* À un séminaire ou un colloque, demander simplement : *Qu'est-ce qui vous amène ici ?* est une façon détendue et discrète de lancer une conversation.

Alors que je terminais un séminaire, j'ai bloqué la porte de l'ascenseur pour qu'un homme, qui arrivait dans le couloir, puisse le prendre. D'habitude, j'évite d'engager la conversation dans l'ascenseur à cause du peu de temps dont on dispose mais, cette fois-ci, j'ai fait exception. Sur un coup de tête, je me suis servie du peu d'information dont je disposais : je savais qu'il y avait deux salles de cours à l'étage et que cette personne n'avait pas assisté à mon séminaire, il était donc aisé d'en déduire qu'elle était allée à l'autre. Je lui ai demandé : *Êtes-vous venu assister à un cours ?* Il me répondit qu'il sortait effectivement d'un cours d'écriture. Il s'avéra que j'étais en train de parler à l'auteur Harry MacLean, qui se trouvait chargé du cours. Notre conversation se prolongea une fois sortis de l'ascenseur. J'ai, depuis, un nouvel ami. Il a même accepté de rendre visite à mon groupe de lecture pour parler de son dernier livre intitulé *Il était une fois : Une histoire vraie de souvenir, de meurtre et de justice*. Une des raisons pour lesquelles j'adore la petite conversation, c'est qu'on ne sait jamais qui on rencontrera ni où elle mènera.

Le comportement. Si vous êtes observateur, vous tirerez une foule d'informations du seul comportement des gens. Leur manière de s'exprimer et d'écrire est propice à la petite conversation. Si vous voyez que quelqu'un est gaucher, demandez-lui : *Est-ce difficile de vivre en étant gaucher ? Quelles irritations cela vous cause-t-il au quotidien ?* La personne parle-t-elle avec un accent ? Dans ce cas, dites : *Il me semble que vous avez un petit accent. De quelle partie du pays/de quel pays venez-vous ?* Ou : *Qu'est-ce qui vous a amené ici ?* Ou bien : *En quoi votre pays vous manque-t-il le plus ?* Ou encore : *Qu'est-ce qui vous plaît le plus dans votre nouveau lieu de vie ?*

Un jour, je suis allée dans un bureau de la FedEx pour un envoi en express. Mon objectif était l'efficacité. Après tout, c'est pour cela que je venais : j'avais un pli urgent à expédier. Le seul fait de recourir aux services de FedEx indique clairement qu'on est pressé mais, quand j'ai vu l'employée devant moi remplir les formulaires d'envoi, j'ai été saisie par la beauté de l'écriture de cette femme gauchère. Je l'ai complimentée – par une affirmation et non une question. Malheureusement, elle a répondu comme s'il s'agissait d'une enquête. J'ai eu droit à toute son histoire – qu'elle avait été enseignante autrefois et avait perfectionné sa graphie… qu'elle avait déménagé dans l'Arizona… divorcé… s'était remariée, puis avait déménagé dans le Colorado. Je n'arrivais pas à lui faire comprendre que j'étais pressée. Elle continuait encore à parler quand j'ai refermé la porte du bureau derrière moi ! C'est ce que j'appellerais un « brise-glace » involontaire. Cela vous montre que le plus petit intérêt manifesté à quelqu'un suffit souvent à déclencher une conversation – même si celle-ci est à une seule voix !

Répétez jusqu'à y arriver

Maintenant que vous devenez versé en petite conversation, mettez-en les règles élémentaires en pratique. Vous rappelez-vous au moins cinq questions infaillibles adaptées à un milieu professionnel ? Êtes-vous capable d'énumérer au moins une demi-douzaine de sources d'informations qui se présentent à vous ? Scrutez votre environnement immédiat. Avez-vous repéré des éléments sur lesquels bâtir une conversation ?

Vous allez vous perfectionner en « petite conversation » exactement comme vous avez progressé dans d'autres domaines — par la pratique. C'est d'une simplicité enfantine — comparé à la géométrie qu'on nous enseignait au lycée. Il vous faut seulement vous y mettre. Petit à petit, vous fournirez à votre interlocuteur une foule de sujets de discussion !

6

Pour une meilleure écoute

Nous voici à mi-parcours, nous avons couvert la moitié des conditions requises à la conduite d'une conversation digne de ce nom : comment pendre l'initiative, briser la glace et prolonger l'entretien. Vous savez à présent ce qui marche et ne marche pas. Cependant, rien de tout ceci ne garantit le succès. Une bonne conversation repose sur deux composantes : la parole et l'écoute. Des études scientifiques ont montré que notre capacité d'écoute est d'environ 300 mots à la minute. D'un autre côté, la plupart d'entre nous ne peut énoncer que 150 à 200 mots à la minute — sauf si vous êtes un de ces annonceurs radio débitant à toute vitesse les conditions particulières d'un nouveau crédit automobile !

Notre problème, c'est que chacun de nous a la capacité de recueillir une quantité d'informations beaucoup plus grande que quiconque peut nous fournir dans un temps donné. Que faire alors de l'excédent de temps ? Nous l'employons, bien sûr. Nous écoutons subrepticement les conversations d'à côté. Nous pensons à ce que nous allons manger à dîner, nous nous laissons aller à nos pensées, avant de nous apercevoir que notre imagination nous a emportés trop loin… que nous avons raté quelque chose d'important !

Comme le disait le psychologue Carl Rogers, « l'obstacle le plus préjudiciable à la conversation interpersonnelle est l'inaptitude d'un interlocuteur à l'écoute intelligente, sensible et perspicace de l'autre ». La psychanalyste Ann Appelbaum comprenait ce qui constituait son fond de commerce quand elle écrivait dans le bulletin de la clinique Menninger, *Perspective* : « L'image d'une voix hurlant dans le désert, symbolise le sentiment de solitude exacerbée, la folie de celui qui n'est pas entendu ». Si grande est notre soif d'être considéré que ceux qui savent écouter sont tenus en haute estime. Les psychanalystes, par exemple, gagnent leur vie en écoutant, en valorisant chacun de leurs patients par l'attention qu'ils leur accordent.

N'avez-vous jamais déjeuné avec une personne en « mal de parler » ? Vous ne dites presque rien. Vous la réconfortez, prononcez quelques mots aimables, vous opinez du chef, tout ouïe. À la fin du repas, elle a repris du poil de la bête et manifeste une vive reconnaissance.

Dans notre monde envahi par la technologie, où nous sommes soumis à des stimuli et une cacophonie permanents, l'écoute devient un véritable défi. L'écoute n'est plus un fait acquis ; c'est plutôt une exception. Une écoute attentive comprend trois composantes : visuelle, verbale et mentale. Combinez ces éléments et il en résulte une puissante écoute.

L'écoute se voit

Le processus physiologique de l'audition est invisible à l'observateur. Nous n'entendons pas les ondes sonores pénétrer dans l'oreille de quelqu'un, confirmant ainsi que le message a été correctement reçu. Par conséquent, l'émetteur est en permanence à l'affût de signes confirmant la bonne réception. Les indices visuels sont les signes les plus évidents pour indiquer au locuteur que vous êtes attentif. Les mimiques, inclinaisons de tête, les expressions corporelles traduisent avec éloquence l'intérêt que vous portez aux paroles de votre interlocuteur.

Nicolas, âgé de huit ans, rentre à la maison en trombe. Il se met à parler à son père de sa journée fantastique à l'école. *Papa,* dit Nick, *ça a été super à l'école. On a eu dessin, j'ai fait des montagnes géniales ! On a joué au foot pendant le cours de gym et j'ai marqué un but ! Et, tu sais quoi ? En plus, on a eu de la pizza au déjeuner* ! Nicolas regarde son père, qui lit imperturbablement son journal, et s'exclame : *Papa, tu ne m'écoutes pas* ! Son père lève les yeux et dit : *Si, mon fils, je t'écoute. Tu as fait un dessin avec des montagnes, tu as marqué un but au foot et tu as mangé de la pizza au déjeuner.* Nicolas exprime son mécontentement : *Non, papa ! C'est pas ça ! Tu ne m'écoutes pas avec les yeux* !

Bien que le père de Nick ait clairement saisi le message de son fils, Nick s'est senti négligé car il n'avait pas obtenu l'attention totale de son père. Il attendait plus de l'échange que de faire un compte rendu factuel de sa journée de classe. Il voulait voir la réaction paternelle, sentir un lien. Il voulait que son père s'investisse, qu'il valide par son écoute l'importance de son récit.

Écouter, c'est bien plus qu'entendre. C'est une forme d'engagement qui exige plus que d'être capable de répéter le contenu d'une conversation. Ray Birdwhistle, pionnier de la recherche en communication non verbale, estime que dans une conversation ordinaire entre deux personnes, les signes verbaux font passer moins de 35 pour cent du contenu social de la situation et les facteurs non verbaux environ 65 pour cent. Il est primordial de maintenir le contact visuel quand vous écoutez quelqu'un. Ne vous laissez pas distraire par ce que d'autres sont en train de faire ; restez concentré sur la conversation présente. Ponctuez votre écoute de hochements de tête. Votre interlocuteur pourra alors être sûr que vous le suivez. La plupart des gens de bonne volonté entretiennent un contact visuel. Mais, même animées des meilleures intentions, elles laissent tomber la balle de la conversation quand elles se trouvent en présence de trois personnes ou plus. Tandis que nous regardons à la dérobée les nouveaux arrivants ou parcourons des yeux la table du buffet, nous attendons des autres qu'ils maintiennent le contact visuel. Personne, pensons-nous, ne remarquera notre inattention passagère. Et pourtant si ! Avec l'une ou l'autre de ces conséquences : soit celui qui parle craint de nous ennuyer et se referme, soit notre incivilité nous fera passer pour arrogant ou mal élevé ! Quand vous parlez avec quelqu'un, faites comme si rien de l'endroit où vous vous trouvez ne pouvait vous détourner de cet échange. Vous pouvez éventuellement expliquer pourquoi vous jetez des coups d'œil vers la porte : vous attendez la venue d'un ami. Votre défaut d'attention visuelle sera alors expliqué.

Le langage corporel donne aussi des indices précis au locuteur sur la qualité de votre écoute. Les illustrations suivantes témoignent de l'impact négatif ou positif de la gestuelle sur le message. Croisez les bras et les jambes et vous vous montrez sur la défensive — même si la raison en est le froid ! Gardez la tête baissée en fuyant le regard de votre interlocuteur et vous lui signifierez que vous évitez l'interaction — alors que c'est l'effet et votre timidité maladive et que vous souhaitez vraiment qu'on vous parle ! Les gens réagissent généralement à ces signaux en ignorant votre présence ; on ne vous considère pas comme ouvert à l'échange. Posez le menton sur la main et vous donnez l'impression de vous ennuyer. De même, mettez les mains aux hanches et vous semblerez manifester de l'agressivité et du mécontentement à l'égard de votre interlocuteur ou de ses propos. Il y a pourtant tout autant de moyens de signifier son intérêt, voire son enthousiasme pour le dialogue.

Faites parler votre corps positivement

Ouverture contre attitude défensive

Attente contre frustration

Évaluation contre suspicion

Maîtrise contre nervosité

Disponibilité contre ennui

Confiance contre insécurité

Signaux positifs adressés a l'interlocuteur

- S'incliner en avant
- Soutenir le contact visuel
- Ouvrir les bras et le torse
- Adopter une posture décontractée
- Faire face à son interlocuteur
- Hocher la tête et sourire

Gestuelle désastreuse à proscrire

- Pointer du doigt
- Se couvrir la bouche
- Se frotter ou se caresser des parties du corps
- Tripoter ses bijoux
- Tambouriner avec un crayon ou un stylo
- Balancer la jambe
- Croiser les bras sur la poitrine
- Mettre les mains sur les hanches
- Détourner les yeux de la personne qui est en train de parler.

Contrairement aux petits trucs verbaux, qui sont en fait plus faciles à maîtriser qu'il n'y paraît, ceux-ci peuvent être plus difficiles à mettre en œuvre. En effet, nous sommes la plupart du temps en pilotage automatique sur ce plan, notre gestuelle conditionnée par l'habitude. Nous rentrons les épaules par timidité à une soirée, nous nous tripotons les cheveux par nervosité, nous nous raidissons sous l'effet de la tension à un entretien d'embauche. Ayez conscience de ce qu'exprime votre corps au regard extérieur. Surmonter ses réflexes de nervosité et adopter un langage corporel positif demande de la pratique et de la concentration. Gardez cela à l'esprit ; la pratique vous rendra chaque fois la chose plus facile.

Voici un autre petit truc pour vous. Si vous êtes gêné de soutenir constamment le regard de votre interlocuteur, fixez-le entre les deux yeux. Vous remarquerez que cette légère modification vous mettra à l'aise tous les deux. Il peut être déconcertant d'avoir en face de soi quelqu'un qui vous fixe ; approuvez poliment d'un signe de tête et chacun de vous se sentira bien, en phase avec l'autre.

Vous pouvez aussi augmenter le sentiment de bien-être de votre interlocuteur en harmonisant votre style au sien. Si vous bavardez avec quelqu'un qui parle lentement et doucement, veillez à ralentir votre débit et baisser la voix. Parler fort et à toute vitesse peut paralyser quelqu'un à la voix douce. Ceci ne veut pas dire que vous ne puissiez pas être vous-même mais, en qualité d'hôte de la conversation, vous veillerez au confort de votre interlocuteur.

Verbalisez votre écoute

Quelques réactions verbales viennent compléter la gestuelle à l'intention de votre interlocuteur. En leur absence, la personne qui parle se demandera si vous écoutez. Un jour, je téléphone à mon père, qui habite Buffalo. Alors que je lui raconte une histoire sur mes enfants, je n'entends que le silence au bout du fil. J'arrête net mon histoire et lui demande : « Papa, tu es encore là ? » Il prend un ton indigné : « Bien sûr que oui ! Je t'écoute. Continue, parle-moi de mes petits-enfants. » Moi : « Comme tu ne disais rien, j'ai cru que… tu avais disparu sous trois mètres de neige. » Mon père : « Je ne voulais pas t'interrompre. »

Il existe de nombreuses locutions indiquant à l'interlocuteur que vous êtes toujours absorbé dans l'échange. Les brefs commentaires suivants témoignent de votre intérêt comme de votre désir d'en savoir davantage. Vous pouvez utiliser ces locutions pour manifester votre approbation ou votre désaccord, ou encore pour exprimer une demande d'informations supplémentaires sur un point précis. Regardez dans cette liste à quelle situation se rapportent les différentes répliques.

Si vous désirez exprimer que :	Dites :
Vous souhaiteriez en savoir plus...	*Racontez-moi. Comment l'avez-vous vécu ?*
Vous êtes tout ouïe...	*Oui, je vois...*
Vous réagissez favorablement...	*Passionnant ! Quelle réussite !*
Vous ne partagez pas le même avis...	*D'un autre côté, ne pensez-vous pas que... ?*
Vous voulez explorer cette idée...	*À propos, croyez- vous que... ? Pourquoi ?*
Vous voulez étayer/réfuter...	*Quelle preuve avez-vous de cela ?*
Vous vous impliquez...	*Je me demande si je pourrais faire cela ?* *Qu'est-ce que cela signifierait pour moi ?*
Vous voulez des éclaircissements...	*Je ne suis pas sûr d'avoir bien compris ce que vous pensez de... ?*
Vous êtes en empathie...	*Cela a dû être difficile, décourageant, etc.*
Vous voulez aller au fond des choses...	*Qu'est-ce que vous voulez dire par là ? Comment avez-vous fait pour vous en sortir ?*
Vous voulez plus de précision...	*Auriez-vous un exemple ?*
Vous voulez une vue d'ensemble...	*Dans quel contexte est-ce que cela s'inscrit ?*
Vous vous projetez dans l'avenir...	*À votre avis, qu'est-ce qui va se passer ?*
Vous récapitulez...	*Que s'est-il passé au départ ?*
Vous comparez les points communs et les différences...	*Vous avez déjà vu quelque chose de semblable ? Quel est le point de vue opposé ?*
Vous analysez les extrêmes, les contrastes...	*Quel est le revers de la médaille ? Quel serait l'idéal ?*

Un certain nombre de locutions sont utilisées pour réorienter la conversation en effectuant une transition vers un autre sujet. En voici quelques exemples :

- Cela me rappelle…
- Quand vous parliez de ---, je me suis souvenu de…
- Justement, je viens de lire dans le journal que…
- Je voulais vous demander depuis longtemps…
- J'ai pensé à vous en entendant que…
- Cela vous dérangerait-il si je changeais de sujet ?
- Il y a une chose que j'ai toujours voulu demander à quelqu'un de votre expérience…

Toutes ces locutions indiquent que vous être entièrement présent dans la conversation. Et, de surcroît, elles encouragent les autres à continuer de parler. Imaginez qu'on vous pose une question et que vous vous contentiez de répondre brièvement d'une seule phrase. Vous ignorerez la quantité d'informations que votre interlocuteur souhaite réellement avoir. L'ajout de phrases supplémentaires de sa part souligne le sérieux de son intérêt. De plus, celles-ci encouragent la poursuite de l'échange. Employez-les pour activement encourager l'autre à s'épancher, ce qui vous laissera le temps de déguster votre sandwich !

Les gens bavards savent rarement écouter. En revanche, ceux d'entre nous qui se tiennent pour réservés se félicitent souvent de leur impressionnante faculté d'écoute ; nous, au moins, savons nous taire pour écouter l'autre ! Ce comportement est hélas parfois interprété comme un manque de participation à la conversation. Trop d'écoute et pas assez de parole peuvent aussi stopper l'échange. Il est dès lors essentiel d'exprimer verbalement à l'autre que nous suivons ce qui est dit, que nous sommes activement à l'écoute.

Dites l'évidence

Si vous paraphrasez l'énoncé de votre interlocuteur ou que vous reprenez les éléments de son message, on ne doutera pas que vous avez écouté et compris le propos. Ce procédé s'avère particulièrement efficace lorsque votre point de vue diverge de celui de votre interlocuteur, ou bien, lorsque vous avez entendu des explications très complexes ou techniques. Paraphraser le locuteur confirme que vous l'avez compris. Ou bien cela permet au locuteur de se rendre compte que vous avez mal compris ce qu'il essayait de dire. Un exemple personnel : je souffre de ce qu'il faut bien appeler une absence d'aide de mon mari dans l'exécution des tâches ménagères. Nous en débattons. Je suis ravie quand Steve m'assure qu'il accepte de m'aider davantage à la maison. Deux semaines plus tard, je lui saute dessus. Je suis furieuse car je ne constate aucune contribution supplémentaire de sa part. « Tu avais promis de m'aider davantage au ménage. Quand vas-tu honorer ta promesse ? » dis-je d'un ton suppliant. Steve me répond : « Mais je t'aide ! J'ai ramassé les ordures et mis la poubelle sur le trottoir tous les jeudis ». Je suis interloquée : « C'est tout ? » Moi, je m'attendais à ce que Steve gère la moitié des tâches ménagères mais, lors de notre entretien à ce sujet, au lieu de clarifier ce qu'il avait compris de ma demande d'aide, j'avais supposé qu'il savait ce que je voulais dire. Les hommes et les femmes peuvent employer exactement les mêmes mots mais vouloir dire des choses complètement différentes. N'hésitez donc pas à élucider ou paraphraser afin de dissiper tout malentendu, au travail comme à la maison.

Dans un contexte émotionnellement chargé, vous obtenez l'avantage additionnel de désamorcer la colère de votre interlocuteur en répétant des détails de ce qu'il a dit. Les gens se calment naturellement quand ils sentent qu'ils ont été compris. Les employés avisés des services après-vente savent qu'en répétant les propos d'un client en colère, ils peuvent réduire son niveau d'hostilité. Pour ce faire, si vous gardez votre calme, vous apparaîtrez comme d'autant plus professionnel et équilibré.

Avant de présenter des excuses, avant de résoudre un problème, faites savoir à votre interlocuteur qu'il a été entendu en reprenant l'essentiel de ses propos.

Dix trucs pour une écoute irréprochable

1. Apprenez à vouloir écouter. Il vous faut cultiver le désir, l'intérêt, la concentration et la rigueur nécessaires.
2. Apprenez à être un bon auditeur ; indiquez par des signes visuels et verbaux que vous écoutez.
3. Visez l'excellence. Nous obtenons de bonnes informations bien plus souvent que nous le pensons.
4. Écoutez « corps et âme » avec vos oreilles, vos yeux, votre cœur…
5. Prenez des notes. Elles facilitent la mémorisation.
6. Écoutez maintenant, transmettez plus tard. Prévoyez de raconter à quelqu'un ce que vous avez entendu et vous vous en souviendrez mieux.
7. Établissez une relation en vous adaptant au style d'expression de l'autre. Harmonisez vos gestes, vos expressions et votre voix, avec ceux du locuteur pour créer une communication détendue.
8. Maîtrisez les distractions internes ou externes qui vous déconcentrent.
9. Faites généreusement don de votre écoute. Écoutez sans compter.
10. Soyez toujours présent. Ne vous laissez pas aller à rêvasser. Ne glissez pas hors de la conversation. Que votre présence soit effective.

Compétences mentales de l'écoute

Tous les moyens d'expression imaginables, d'ordre gestuel ou linguistique, vous seront inutiles si vous n'êtes pas suffisamment concentré sur la conversation pour la suivre. Un bon interlocuteur sait ce qui vient d'être dit. Si vous vous ennuyez trop pour continuer, retirez-vous avec art, au lieu d'embarrasser votre interlocuteur par un ennui manifeste.

J'avais un déjeuner d'affaires avec une femme dont je tairai le nom. Je lui racontai une anecdote à propos de mes enfants et lui dis que mon second et actuel mari était parodontiste. Quelques minutes plus tard, lors d'une pause dans la conversation, elle me demanda si j'étais mariée ! Son esprit était manifestement allé vaguer ailleurs !

Ne compromettez pas une relation par une écoute défaillante. Votre devoir d'interlocuteur, c'est d'écouter lorsqu'on vous parle. Ce n'est pas facultatif ; c'est un impératif de politesse qui régit l'art de l'échange. Si, pour une raison ou une autre, vous ne pouvez pas rester concentré sur les propos qu'on vous tient, excusez-vous.

Les messages transmis par les signaux verbaux ou gestuels informent votre interlocuteur de l'état de la conversation. Si vous vous sentez piégé par un échange dont vous ne savez comment vous extirper, poursuivez votre lecture. Nous allons aussi résoudre ce problème.

7

Prévenez les silences pesants

Même en utilisant des « brise-glaces », des stimulateurs de conversation et en écoutant attentivement, il y a des moments où la conversation s'enlisera si vous ne vous êtes pas bien préparé. Immanquablement, à n'importe quel déjeuner de colloque, vous ne manquerez pas de trouver au moins une table où huit personnes intelligentes finissent par baisser les yeux dans leur assiette en essayant d'imaginer comment relancer la conversation après avoir parlé boulot dix minutes de trop ! Elles auraient pourtant pu éviter l'examen de leur riz pilaf si une seule d'entre elles s'était préparée. Oui, préparée – comme pour n'importe quelle autre tâche d'un planning professionnel.

En effet, chacun des convives savait qu'il déjeunerait avec sept autres qu'il ne connaîtrait pas. Un bon praticien de la conversation se prépare avant l'événement. N'ayez peur — ni diapositives, ni présentation sur ordinateur portable ni flèches lumineuses au laser ne sont nécessaires ! Il n'est besoin que d'un peu de réflexion préalable dans la voiture qui vous mène à l'événement. Voici quelques idées à l'efficacité prouvée.

DÉMARREURS

- Est-ce que quelqu'un a vu cette émission spéciale à la télé hier soir ?
- L'un de vous a-t-il vu le film … ?
- Je viens juste de terminer la lecture de —. Est-ce que quelqu'un l'a déjà lu ?
- Est-ce que l'un de vous a entendu parler de cette nouvelle technologie --- ?
- Quelqu'un à cette table pourrait-il me recommander (une banque, un coiffeur, un intermédiaire financier, etc.) ?

NE LAISSEZ PAS VOS ANCIENNES CONNAISSANCES TOMBER DANS L'OUBLI

Cependant, pour prendre plaisir à vos échanges, vous avez besoin de plus que des « brise-glaces ». Il vous faut adapter vos préparatifs à l'occasion ainsi qu'aux personnes avec qui vous allez parler. Les interlocuteurs les plus rétifs — après les enfants — ce sont ces connaissances que vous fréquentez de temps à autre. Vous avez une partie de votre histoire en commun, vous vous connaissez un peu, mais vous n'avez pas la moindre idée de ce qui a changé dans la vie de l'autre personne cette année, depuis votre dernière rencontre. En fait, il est judicieux de supposer que la situation a changé. Imaginons que vous voyiez un collègue une fois par an, à l'occasion d'une rencontre professionnelle. Au cours des douze derniers mois, votre collègue peut avoir changé de travail, vécu la disparition d'un parent ou d'un proche, passé des vacances inoubliables, eu une révélation spirituelle, s'être marié, avoir divorcé... Bref, ne croyez pas que vous allez reprendre la conversation d'un an plus tôt là où vous l'aviez laissée. Tout en évitant la platitude du *Quoi de neuf ?* (auquel répond généralement un automatique *Pas grand-chose* qui tue toute conversation), essayez de savoir ce qui a changé dans l'intervalle et prolongez la conversation à l'aide des questions suivantes :

AVEC DES PERSONNES FAMILIÈRES, UTILISEZ...

- Quelles sont les dernières nouvelles de ...
- Qu'est-ce qui s'est passé à votre travail depuis notre dernière rencontre ?
- Qu'est-ce qui a changé dans votre vie depuis notre dernière conversation ?
- Comment s'est passée votre année ?
- Quoi de neuf dans votre famille ?

AVEC LES CONNAISSANCES, ÉVITEZ...

- Comment va votre épouse/mari/partenaire ?
- Comment se passe votre travail à ... ?
- Quels sont les projets universitaires de votre fils/fille ?

Toutes ces questions peuvent être mal perçues par des personnes que vous ne connaissez pas bien.

PETIT COURS D'HISTOIRE

Souvent, vous vous trouvez confronté à un silence pesant ou à une pause déroutante dans la conversation. Il dépend alors de vous de ranimer l'échange ou de le laisser mourir. Faites votre possible pour recharger la conversation en ayant préparé des questions sur l'origine et le parcours de vos interlocuteurs. N'hésitez pas à demander :

LEÇONS D'HISTOIRE

- Comment vous êtes-vous rencontrés tous les deux ?
- Comment avez-vous commencé à --- ?
- Qu'est-ce qui a suscité votre intérêt pour ce domaine ?
- Quand avez-vous su que vous vouliez être --- ?
- Qu'est-ce qui vous a amené au Colorado ?
- Comment vous êtes-vous connus les uns les autres ?
- Qu'est-ce qui a éveillé votre intérêt pour le marketing ?
- Qu'est-ce qui vous a donné l'idée de cette affaire ?
- Qu'est-ce qui est arrivé au début ?

PRÉPARATIFS D'EXPÉDITION

Préparez-vous à une conversation comme s'il s'agissait d'un entretien — comme entre un interviewer et un interviewé. Une conversation requiert beaucoup moins d'effort qu'un entretien d'embauche mais le principe est le même. Vous avez intérêt à disposer d'outils polyvalents pour assurer un échange aussi élégant que fluide. J'appelle cette catégorie d'expressions les « questions de type entretien » car elles permettent de soutenir le fil de la conversation. Lorsque j'arrive dans le parking avant de me rendre à une réunion, un déjeuner d'affaires ou tout autre type d'invitation, je me prépare comme pour un entretien. Je passe quelques minutes à réfléchir à des questions spécifiques, adaptées aux personnes que je vais rencontrer ou à l'événement ou la situation dans laquelle je vais me trouver. Dans la plupart des cas, on se retrouve assis face à quelqu'un dont nous ne savons rien. Embarras. Pensez-y : quel est le pire moment pour trouver un sujet de conversation ? Quand il n'y en a pas ! À moins qu'on en crée un. Voici quelques exemples de questions de type interview que vous personnaliserez à votre gré :

Questions de type interview

- Qu'est-ce que vous appréciez le plus en cette saison ?
- Qu'est-ce qui vous fait participer à cet événement/rejoindre cette organisation ?
- Si vous n'étiez pas ici, que feriez-vous en ce moment ?
- Si vous aviez la possibilité de rencontrer la personne de votre choix, qui cela serait-il ?
- Parlez-moi d'un sujet qui vous tient à cœur.
- Quelle a été votre expérience professionnelle la plus importante ?

Lorsque vous vous entretenez avec une personne déjà rencontrée auparavant, passez en revue les quelques informations apprises lors des précédentes rencontres. Peut-être aurez-vous parlé du mémoire de maîtrise qu'elle préparait à ce moment-là, ou de l'équipe de volley qu'elle entraîne chaque printemps, ou encore du fait que le jardinage est un passe-temps agréable. Ne vous attendez pas à vous rappeler ces détails pendant une lourde pause. Préparez-vous avant !

Questions de type interview (suite)

- À votre avis, quel mot pourrait vous décrire de la façon la plus adéquate ?
- Avez-vous une devise ou un credo personnel ?
- Avez-vous des héros, des gens que vous admirez particulièrement ?
- Que pensaient de vous vos camarades de lycée ?
- Que faites-vous en ce moment que vous aimeriez cesser de faire ?

La part non verbale de la conversation

Un de mes exercices préférés de mes séminaires sur l'art de la Petite Conversation illustre ce point à merveille. J'installe dix à douze personnes en cercle et donne au hasard à l'une d'entre elles une pelote de fil. La personne doit tenir le bout du fil, dévoiler quelque chose d'elle-même puis lancer la pelote de fil à un autre membre du groupe. Le destinataire doit poser une question au lanceur sur ce qu'il vient de dire puis, à son tour, raconter quelque chose de personnel avant d'envoyer la pelote à la personne suivante en tenant le fil. Et ainsi de suite, jusqu'à ce que chaque personne ait eu la pelote en main.

J'aime beaucoup cet exercice car il permet aux participants de faire plusieurs découvertes. D'abord, étant donné qu'ils ne savent pas quand ils recevront la pelote, ils écoutent vraiment ce que chacun raconte. C'est la seule façon de poser une question intelligente. Ensuite, ils apprennent à se concentrer afin de poser des *questions pertinentes ou d'émettre des signaux verbaux appropriés.* Poser les questions pertinentes ou faire des commentaires appropriés est une des façons les plus faciles de soutenir la conversation. Enfin, ils font attention au langage du corps parce que l'orateur fixe toujours quelqu'un des yeux avant de lancer la pelote pour qu'elle ne tombe pas ! Si celui-ci omet d'établir le contact visuel ou si le destinataire n'y prête pas attention, la conversation s'interrompt brusquement avec un bruit sourd.

Un peu de préparation permet d'éviter de laisser tomber la pelote de la conversation. Si vous êtes à un événement où vous allez passer beaucoup de temps avec le même groupe de personnes, tel un déjeuner, soyez prêt à aller au-delà des formules permettant de briser la glace ou de lancer la conversation. Pour remplir un plus long temps de conversation, vous aurez besoin d'un plus grand nombre de sujets. Ce n'est pas nécessairement compliqué. Avez-vous peur que votre mémoire ne flanche ? Gardez donc une antisèche dans votre portefeuille ou votre sac, que vous consulterez juste avant le déjeuner.

Le seul sujet à propos duquel vous n'avez besoin d'aucun aide-mémoire est celui que vous connaissez le mieux : vous-même. Par courtoisie à l'égard des introvertis parmi vous, j'ai attendu que nous soyons parvenus assez loin dans ce livre avant d'aborder ce point. Quel que soit le nombre de questions que vous ayez à disposition, tôt ou tard il vous faudra parler de vous. Les règles de bonne conduite en matière de conversation requièrent un échange équitable. Si vous vous contentez de poser des questions, votre interlocuteur vous en voudra du déséquilibre. Il est essentiel que chacun parle de soi. Cependant, pour certains, c'est une punition. Ça l'était en tout cas pour moi. Je me suis aperçue que la plupart des gens réticents à parler d'eux-mêmes sont freinés par l'une ou l'autre des peurs suivantes.

1. Ils craignent que leur vie soit trop banale pour présenter un quelconque intérêt.
2. Ils craignent de passer pour égocentriques ou vaniteux.

Des gens ordinaires

Vous savez quoi ? Nous sommes, pour la plupart, des gens ordinaires qui essayons simplement de mener au mieux notre vie. Nous nous soucions de régler nos factures, d'éduquer nos enfants, de voir notre équipe préférée gagner un championnat, d'obtenir une promotion, de soigner nos parents âgés, de prendre des vacances de temps à autre, de cultiver un hobby et de nous détendre de temps en temps. Nous nous ressemblons plus que nous ne différons les uns des autres et ce socle commun est source de relation et de conversation. L'extraordinaire arrive même aux gens ordinaires, donnant lieu à d'excellentes conversations. Toutes les personnes que je connais ont chacune vécu une expérience sortant de l'ordinaire. Quelque part, votre conversation recèle un fait hilarant, des vacances d'exception, un événement stupide, un exploit glorieux, une histoire dont l'heureux dénouement nous fait dresser les cheveux sur la tête, une étrange coïncidence, ou encore une aventure incroyable. Mettez-la en évidence ! Exhibez-la ! Tout ou presque peut être un point de départ de conversation.

Sous les feux de la rampe

Lorsque vous avancez à contrecœur sous les feux de la rampe, rappelez-vous quelques règles. Tout se passera bien si vous suivez les conseils suivants (car personne ne rôde alentour avec un crochet pour vous happer jusque dans « les coulisses »). Révélez d'abord sur vous-même des éléments qui ne prêtent ni à la gêne ni à la controverse. Proposez une information simple, positive et légère. C'est en inspirant confiance et en établissant une intimité dans le temps qu'on construit une amitié. Conduire une conversation est un peu comme peler un oignon — il faut ôter une peau après l'autre, en se maintenant au même degré d'intimité que son interlocuteur.

Supposez ainsi que votre complice en conversation vienne de vous avouer qu'après une longue résistance, il a dû se rendre à la dure réalité d'être parent de footballeurs et acheter une fourgonnette familiale. Ceci ne vous invite nullement à lui confier que l'on vous a récemment diagnostiqué un cancer au sein. Cependant, si la conversation se déroulait lors du Marathon de l'Espoir et que vous arboriez un ruban rose indiquant que vous avez survécu au cancer, il serait parfaitement acceptable de parler de cette maladie. Le choix des sujets de conversation doit être approprié à chaque situation ainsi qu'à la profondeur de la relation et à l'intimité déjà établie.

J'ai récemment assisté à un déjeuner où je me suis trouvée placée à l'une de ces tables rondes avec sept autres personnes que je n'avais jamais rencontrées. Nous sommes arrivés à un moment creux dans la conversation où chacun a décidé qu'il était temps de lire ses *textos*. J'ai alors endossé la responsabilité de la conversation et me suis lancée dans une histoire de vacances familiales remontant au printemps dernier. J'ai dit : *Nous avons pris des vacances dans un Club Med au Mexique ce printemps et ça a été formidable. Incroyablement détendu ! Comme on paye un forfait tout compris, je n'avais pas besoin de chercher la monnaie chaque fois que les gosses voulaient un Coca. Ils allaient juste se servir. C'était si facile ! En plus, il y avait des activités pour chacun de nous.*

L'histoire de mes vacances a eu trois effets qui ont contribué à ranimer la conversation. Premièrement, en livrant quelque chose de personnel, j'ai donné aux autres l'occasion de se sentir plus proches de moi. Augmenter le niveau de bien-être stimule l'échange. Deuxièmement, j'ai proposé un nouveau sujet sur lequel les autres pouvaient embrayer. Troisièmement, cela a donné à mes compagnons de table l'occasion de partager ce qu'ils avaient eux-mêmes vécu. Aussitôt, notre conversation est revenue à la vie, chacun y allant de ses questions, ses histoires et ses projets de vacances.

Vous n'êtes pas limités au récit de faits et d'expériences. Vous pouvez partager des sentiments, votre avis sur les livres que vous avez lus, sur les restaurants que vous connaissez et les films que vous avez vus. J'assistais à un banquet de remise de prix, où je parlais avec un monsieur. Il disait : *Je me sens vraiment sur les nerfs ici. Ma femme a dû partir pour affaires alors je suis venu seul, et je ne connais personne.* Je lui ai confié que moi aussi j'avais été angoissée dans les réunions mondaines. Ce bref échange lui a permis de se calmer et nous avons continué à discuter de toutes sortes de sujets.

S'il existe une liste infinie de sujets de conversation possibles dans les lieux publics, il y a une liste restreinte de sujets qui sont en général malvenus. Si vous doutez de la bienséance d'un sujet et hésitez avant de l'aborder, il est probablement préférable de le garder pour vous. Lorsque je ne suis pas sûre, j'invoque toujours le vieil axiome mathématique que mon professeur d'algèbre nous avait appris : *dans le doute, laissez de côté.* Évitez tout sujet susceptible d'offenser votre interlocuteur.

Ne dites pas de mal

Sauf circonstances exceptionnelles, évitez les sujets délicats susceptibles de briser l'élan de la conversation :

1. Les histoires de goût douteux
2. Le commérage
3. Les ennuis personnels, surtout présents
4. Le prix des choses !
5. Les sujets controversés quand vous ignorez l'opinion des autres
6. La santé (la vôtre ou celle de vos interlocuteurs), hormis lorsque vous parlez avec quelqu'un qui a un plâtre très visible, qui se déplace avec des béquilles ou porte un pansement. Dans ce cas, l'équipement médical temporaire est une source d'information en soi. Si vous évitez la question, c'est un peu comme feindre d'ignorer un éléphant dans votre salon.

Jouer aux quatre carrés

Alimenter une conversation ressemble un peu au jeu des cours de récréation appelé « quatre carrés ». On doit se renvoyer la balle et faire en sorte qu'elle reste à l'intérieur des limites pour que le jeu continue. Cela exige de rester concentré sur la balle à tout moment et de la faire circuler. Certaines personnes de votre groupe sont probablement peu disposées à recevoir la balle parce qu'elles ont votre ancien état d'esprit — elles sont timides, trouvent leur vie trop banale, fuient le contact, et ainsi de suite. C'est à vous de les aider, autrement le jeu s'arrêtera.

L'une des façons les plus simples de lancer ou de soutenir une conversation est de complimenter une autre personne. Trouver quelque chose d'agréable à dire à quelqu'un n'est pas toujours compliqué. Chaque personne a certainement quelque chose de plaisant. Si vous êtes suffisamment direct pour exprimer ce que vous admirez chez quelqu'un, vous établissez un lien immédiat entre vous.

Cette connexion (du latin *connectere,* « lier ensemble ») mène naturellement à son cousin étymologique, la conversation (du latin *conversatio,* « fréquenter »). Un compliment sincère permet à l'autre de se sentir à l'aise dans l'échange, il favorise la relation et facilite le dialogue. La clef de la réussite est que votre éloge soit sincère. Choisissez donc un compliment auquel vous adhérez. Quoi que vous choisissiez, le compliment tombera nécessairement dans l'une des trois catégories suivantes : l'apparence, les biens matériels ou le comportement. Mark Twain dit un jour qu'un compliment bien choisi lui faisait de l'effet pendant soixante jours !

Avant mon mariage, je parlais des préparatifs avec ma chère amie Karen et lui racontais que pendant quelque temps, j'avais fréquenté deux hommes en même temps – Ben et Steve. Elle m'a demandé de lui parler de ces deux expériences. J'ai dit : *Ben a un grand sens de l'humour. C'est le boute-en-train de la fête. Il s'habille comme un dieu et m'a emmenée dans de merveilleux voyages. Nous sommes allés à Hilton Head* [2]*, en Europe, et nous faisions souvent des escapades à la montagne le week-end. Il joue merveilleusement au golf. C'est un type fantastique sur tous les plans.*

2. Île de Virginie très populaire pour ses plages et ses magnifiques terrains de golf. (N.d.T.)

Karen avait du mal à contenir son enthousiasme. Elle s'est exclamée : *C'est comme un homme de rêve. Je suis si heureuse que tu l'épouses !*

Pas du tout, répondis-je, *c'est Steve que j'épouse.*

Karen en est restée sans voix. Enfin, elle s'est ressaisie et m'a demandé : *Mais Debra, Ben a l'air d'être un prince, alors pourquoi épouses-tu Steve ?*

Parce toutes les belles choses qu'il dit sur moi me font sentir spéciale. Et tu sais quoi ? Il pense vraiment chacune d'elles !

L'impact d'un compliment authentique va très loin. Il n'y a rien de plus efficace pour donner à quelqu'un le sentiment qu'il est spécial que de remarquer et d'apprécier ses meilleures qualités.

Le compliment idéal

Vous pouvez complimenter quelqu'un sur sa nouvelle coiffure, ses vêtements, ses bijoux, ou son physique. Toutefois, tous les compliments ne sont pas égaux. Un bon compliment souligne la singularité de ce que l'on admire : *Vous portez un joli pull,* ou bien *Quelle cravate originale !* Un compliment hors pair, lui, va au-delà : il *donne matière à conversation* en motivant l'éloge. Vous pouvez ainsi dire du pull : *J'adore votre pull. Cette couleur met vraiment en valeur celle de vos yeux*. Vous pouvez passer d'un simple commentaire sur une belle cravate à un compliment plus percutant du genre : *Quelle cravate magnifique ! Son motif est tout à fait unique, très original. Ça me plaît de voir les hommes affirmer leur goût en matière de mode par leur cravate.* Attention toutefois au compliment d'apparence adressé sur votre lieu travail ; il peut être assimilé à une forme insidieuse de harcèlement sexuel.

Il se peut que vous vous trouviez en compagnie d'une personne qui n'a aucun sens de l'esthétique et que vous n'aimiez pas la façon dont elle s'habille, se maquille ou choisit ses accessoires. Pas de panique ! Orientez-vous vers des compliments sur quelque bien ou objet en sa possession – tel que sa maison, un élégant stylo-plume, une nouvelle voiture et, pourquoi pas, un beau mazagran pour le café. Un bon compliment serait : *Vous avez une jolie maison.* Transformez-le en une flatterie imparable en disant : *Votre maison est bien jolie. J'aime vraiment beaucoup toutes vos photos – elles lui donnent une touche personnelle et la rendent très chaleureuse.* Au lieu de dire : *Quelle bonne tasse de café !* essayez : *J'adore l'arôme si riche de ce café de Sumatra et ce mazagran est d'une taille idéale !*

Enfin et surtout, vous pouvez observer le comportement agréable de quelqu'un et lui en faire le compliment. C'est d'ailleurs la meilleure manière de converser avec les enfants. Au lieu de remarquer lorsqu'ils se conduisent mal, mettez en valeur l'aspect positif de leur comportement. Cela améliorera votre communication avec eux et renforcera vos liens. Les enfants ne sont pas les seuls à apprécier les éloges sur leur conduite. Valoriser aussi les adultes c'est les rendre plus ouverts et confiants envers vous.

Je connais un agent immobilier qui, un dimanche, a accompagné un couple à la recherche d'un appartement. Elle les a conduits partout dans la ville et a dû leur montrer plus de trente maisons. Ils ont fait des allers et retours à travers tous les quartiers de la ville, en banlieue – le grand jeu. Six heures plus tard, ils avaient complètement épuisé leurs sujets de conversation et n'avaient pas trouvé une seule maison qui ait même vaguement plu au couple. L'agent immobilier était fatiguée et à court d'idées. Elle leur dit : *J'admire que vous sachiez exactement ce que vous voulez. Vous ne vous résignez pas à choisir un bien qui ne vous convient pas tout à fait et que vous risquez de regretter plus tard.* Grâce à ce compliment, le couple se sentit stimulé et la conversation repartit pour le reste de la journée même s'il ne réussit pas à dénicher la maison de leurs rêves ce dimanche-là. D'autres formules visant à mettre en valeur la conduite d'autrui comprennent :

• J'apprécie à quel point vous êtes organisé pour nos réunions. Cela rend le travail plus facile.

• Il a dû vous falloir beaucoup de courage pour changer de profession au sommet de votre carrière. Je suis impressionnée !

• Quelle détermination vous avez ! Je trouve remarquable que vous preniez le temps de bien vous entraîner pour le marathon. Félicitations !

• Je sais que vous êtes anxieux de faire cette démarche ; j'apprécie d'autant plus que vous soyez venu.

• Vous savez voir le bon côté des choses. C'est un plaisir de travailler avec vous.

• Vous tenez si bien votre maison, même avec quatre enfants !

Encore une fois, pour qu'un compliment fasse son effet, il faut l'exprimer avec sincérité. Sans doute constaterez-vous parfois que le destinataire de l'éloge a du mal à l'accepter. Il peut tenter de le neutraliser en niant sa validité ou se sentir dans l'obligation de rendre la pareille. Dans ce cas, protestez à nouveau de votre sincérité et changez de sujet.

Ajouter du contenu

En dehors des compliments, une autre façon d'intéresser un interlocuteur peu disposé à l'échange est de lui lancer la balle en lui posant une question. Outre les différentes manières de rompre la glace que nous avons envisagées précédemment au chapitre 2, il existe quatre séries de questions efficaces en société.

Famille	*Parlez-moi de votre famille.* *Est-ce que tout le monde vit dans les environs ?* *Qu'est-ce qui vous plaît le plus dans le fait d'être père/mère/fils/tante, etc. ?*
Activité	*Qu'est-ce qui vous a amené à votre emploi actuel ?* *Quels sont les défis les plus difficiles dans votre travail ?* *Si vous pouviez changer une chose dans votre travail, qu'est-ce que ce serait ?* *Quel impact Internet a-t-il eu sur votre entreprise / branche professionnelle ?*
Loisirs	*Que faites-vous pour garder la forme?* *Que faites-vous pour vous amuser en famille ?* *Comment passez-vous votre temps libre ?* *Quelles ont été vos vacances préférées ?*
Divers	*Avez-vous vu de bons films récemment ?* *Que pensez-vous de --- (sujet d'actualité) ?* *Lisez-vous quelque chose de vraiment sympa en ce moment ?*

Quel que soit le sujet de conversation choisi, je ne peux trop insister sur l'importance d'être authentique lors d'un échange. Si vous n'êtes pas vraiment intéressé par les propos de votre interlocuteur, aucune préparation ou anticipation ne vous sauveront d'une conversation vouée à l'échec. On ne peut pas feindre l'intérêt pour quelqu'un. Si, de fait, vous ne réussissez pas à vous enthousiasmer pour le dialogue, vous devez au moins à votre interlocuteur de vous excuser avant de vous diriger vers une autre personne disponible.

Vers le progrès

Vous êtes bien avancé dans la lecture de ce livre. À présent, les techniques propres à faire de vous un excellent pratiquant de la conversation vous sont familières. C'est un bon moment pour évaluer où vous en êtes dans leur mise en œuvre ainsi que dans l'analyse des possibilités d'amélioration qui se présentent à vous. Remplissez à nouveau le questionnaire *Maîtriser la petite conversation* pour voir si vos performances se sont améliorées. Regardez-vous dans le miroir et répondez sans détour par « oui » ou « non » aux propositions suivantes.

• Je suis conscient de « parler à mon tour » dans la plupart de mes conversations afin de connaître les autres davantage et de les aider à mieux me connaître.

• J'ai participé à au moins une activité de groupe ou à celle d'un club afin de nouer de nouvelles relations professionnelles ou simplement de rencontrer du monde.

• J'ai eu recours à mes relations pour aider au moins deux personnes, soit à trouver du travail, soit à se mettre en relation avec des clients potentiels. J'ai fourni des informations à d'autres fins relationnelles.

• J'assiste au moins deux fois par mois à des événements où je peux rencontrer des membres de ma branche professionnelle ou des décideurs potentiels.

• Si quelqu'un est amical envers moi, il m'est facile de l'être en retour. Mais je n'attends pas un témoignage de gentillesse pour être moi-même affable.

• Lorsque quelqu'un me demande « Quoi de neuf ? », au lieu de répondre « Pas grand chose », je parle souvent de quelque chose de passionnant que je suis en train de vivre.

Alors ? Quel résultat avez-vous obtenu ? Si vous me ressemblez, il doit vous rester du pain sur la planche. On ne change pas d'habitudes comme de vêtements. Je vous suggère de mettre par écrit ce que vous cherchez à maîtriser. Visez un seul objectif jusqu'à ce que vous vous sentiez à l'aise, avant de passer au suivant. Si vous restez concentré, cela ne vous prendra pas trop longtemps ! Une règle toute simple, source de grandes satisfactions, est de lancer une conversation avec un minimum de trois nouvelles personnes par semaine. Dans la file d'attente chez l'épicier, en attendant qu'une réunion professionnelle ne commence, avec votre voisin de palier ! L'aisance viendra par la pratique régulière.

8

Rayonner par la conversation

Je ne vous suggère pas d'employer des tactiques de conversation agressives ; je vous propose cependant d'avoir recours à un registre de langue plutôt affirmé que passif. Laissez vos méthodes de conversation exprimer votre force intérieure. Combien de fois entendons-nous des mots traduisant la soumission, l'excuse, l'hésitation, passer nos lèvres ? Quand vous lancez un: *J'essayerai de vous contacter demain,* vous admettez par là même que votre espoir n'est pas fermement ancré. Les mots que nous choisissons dans nos conversations peuvent faire passer des messages qui ne correspondent pas à nos intentions. Un serveur de restaurant vous a-t-il jamais dit : *Nous ne pouvons pas faire d'échange* ? Ou un responsable de service après-vente répondu à votre demande par un *Je vais voir si je peux me renseigner* ? Comme vous le découvrirez dans ce chapitre, certaines expressions et affirmations, tout comme certaines questions, mènent sur des voies imprévues. Soyez en conscient lorsque vous utilisez les formules suivantes et observez la façon dont vous vous projetez au cours de la conversation.

• *Quand est-ce que cela sera prêt ?* Prenez donc les choses en main.

Dites plutôt : *Pourriez-vous me faire cela pour mardi ?*

• *Je ne voudrais surtout pas vous indiquer le mauvais magasin.* Qu'est-ce qui vous inquiète à ce point ? De commettre une erreur ?

Dites plutôt: *Je ne sais pas quel magasin vous indiquer* ou bien *Je crois que vous pouvez trouver ce produit à ---.*

• *J'allais justement dire que les impôts fonciers me semblent élevés* ou *J'aurais cru que les roses avaient besoin de plus d'ensoleillement que cet endroit ne peut en fournir.* Vous affaiblissez votre propos. Chacune de ces deux affirmations semble trop prudente et craintive.

Dites plutôt : *Je pense que les impôts fonciers sont élevés* ou *D'après mon expérience, les roses ont besoin de plus d'ensoleillement qu'il n'y en a ici.*

• *Puis-je vous interrompre une minute. Puis-je vous poser une question ?* Vous venez de le faire ! Si vous voulez interrompre quelqu'un qui est occupé, posez-lui juste la question ! Cependant, pour rester poli, vous pouvez la précéder de : *Excusez-moi de vous interrompre…*

• *Je vais devoir demander à quelqu'un ce qu'il en est…* Êtes-vous donc personne ?

Dites plutôt : *J'en parlerai avec plaisir à la comptabilité et reviendrai vers vous.*

• *Franchement, j'ai passé un moment formidable !* N'êtes-vous pas toujours franc ? Ou bien nuancez-vous cette affirmation par rapport à d'autres que vous avez déjà exprimées ?

Dites plutôt : *J'ai passé un moment formidable.*

• *Pouvez-vous m'épeler votre nom ?* En général, nous savons comment orthographier notre nom, ce n'est donc pas la peine de nous demander si nous savons le faire !

Dites plutôt : *Épelez-moi votre nom, s'il vous plaît.*

• *Si je peux me renseigner...* Souvent, vous exprimez un faible espoir lorsque vous employez le « si » hypothétique. Levez les doutes. Insufflez de la confiance.

Dites plutôt : *J'examinerai cette question et reviendrai vers vous au plus tôt.*

• *Je ne suis que le...* La fonction ou le travail de chacun n'a pas peu d'importance. Cette formulation est dévalorisante. Précisez les capacités et responsabilités attachées à votre poste ou à votre fonction.

Au lieu de cela, dites : *Je m'occupe du développement du site Web, mais je serai ravi de vérifier votre commande auprès du service commercial.*

• *Je ne peux pas vous voir ce matin.* Vous exprimez ainsi n'être pas disposé à trouver la meilleure solution possible. Ou bien que c'est une corvée de recevoir cette personne. Dans un cas comme dans l'autre, indiquez ce que vous pouvez faire (au lieu de ce qui vous est impossible).

Dites plutôt : *Je peux être là vers trois heures cet après-midi.*

• *J'essayerai de vous rappeler cette semaine.* Le mot *essayer* est porteur d'incertitude.

Dites plutôt : *Je vous appellerai au plus tard la semaine prochaine.*

Indiquez à vos interlocuteurs ce que vous ferez et non ce que vous espérez pouvoir faire.

• *Je vais devoir…* Encore une obligation !... *Il faut que je consulte mon mari* ou bien *Je vais devoir vérifier auprès de ma secrétaire.*

Dites plutôt : *Je serai ravi d'en parler à mon mari* ou *Je serai ravi de voir cela avec ma secrétaire et de vous rappeler.*

• *Il faudra que vous me rappeliez demain. Je suis débordé en ce moment.* On dirait que vous donnez un ordre, en chargeant les épaules de votre interlocuteur d'un poids supplémentaire ! On n'aime pas se faire commander.

Dites plutôt : *Pouvez-vous me rappeler demain ? C'est préférable.*

• *Je n'en suis pas sûr.* Si, vous êtes sûr d'une chose – que vous ne savez pas !

Dites plutôt : *Je ne sais pas comment on va à Colfax. Demandez à Jennifer, elle connaît le chemin.*

• *Puis-je vous demander votre nom ?* Vous n'avez pas besoin d'autorisation pour demander son nom à quelqu'un !

Dites plutôt : *Quel est votre nom ?*

Nous sommes ce que nous disons et la vraie fenêtre sur notre âme est notre façon de parler. Laissez vos paroles exprimer votre force intérieure.

9

Crimes et délits

La Petite Conversation m'amène à sillonner le pays et à rencontrer beaucoup de gens. Je me suis ainsi aperçue qu'une tendance actuelle est l'attaque à main armée de la conversation. J'en ai moi-même été victime à plusieurs reprises. Sachez que les agresseurs sont armés et dangereux. S'ils font intrusion dans votre dialogue, vous courez le risque certain de voir votre conversation cruellement assassinée. Soyez vigilant. Ces individus sont habilement camouflés. Ils peuvent changer plusieurs fois de déguisement au cours d'une soirée et incarner des personnes de toutes professions. Si le danger rôde, gardez votre sang-froid. Soyez à l'affût de ces malfaiteurs. Je me permets une mise en garde supplémentaire : souvent, la pire canaille est celle qui vous renvoie votre regard depuis le miroir !

Le moment est venu de s'armer pour prévenir les affronts causés à la conversation. Je me suis longuement penchée sur la question pour finir par ranger ces assassins en huit catégories. Au cours de vos échanges quotidiens, veillez à ne pas ajouter votre nom à la liste des criminels de la conversation les plus recherchés. Voici quelques techniques de lutte contre cette forme de criminalité, destinées à préserver les honnêtes interlocuteurs de telles atteintes.

Le policier

On ne peut pas dire que ce policier-là ait l'intérêt de la nation à cœur. Homme ou femme, le voilà qui s'approche d'un groupe en conversation détendue, prend à part un de ses participants et le soumet à un interrogatoire. Vous identifierez sur-le-champ son *modus operandi* caractéristique, à sa façon de vous décocher une rafale de questions comme une mitraillette en pleine jungle : *Que faites-vous comme métier ? Où êtes-vous né ? Êtes-vous marié ? Avez-vous des enfants ? Vous êtes là depuis longtemps ? Cela fait combien de temps que vous travaillez à cet endroit ? Quel est le nom de jeune fille de votre mère ?*

Vous noterez que le policier soumet son prisonnier à un tir nourri de questions sans lui laisser aucun répit. Mais il ne lui donne pas non plus l'occasion de parler. Le captif n'a nullement le droit de proposer des informations complémentaires, de poser lui-même des questions ou même d'avoir un verre d'eau.

Il n'est pas question de passer un coup de fil ou prendre un avocat. Le prévenu est obligé de fournir des réponses en accéléré juste pour suivre le rythme. Il est à la merci de son inquisiteur qui, une fois l'interrogatoire terminé, l'abandonne aussitôt pour se jeter sur une autre proie.

La méthode d'interrogatoire est rarement satisfaisante pour qui que ce soit. Le policier parviendrait plus aisément à ses fins s'il posait des questions ouvertes, requérant des réponses plus étoffées. S'il en avait l'occasion, le prévenu fournirait de lui-même des informations utiles. Le policier commet aussi l'erreur de se satisfaire de réponses d'un ou deux mots. S'il avait approfondi, par des questions pertinentes, il aurait pu déceler des motivations, des alibis, des occasions et des informations de fond qui l'auraient aidé dans sa quête de conversation. Malheureusement, le policier passe à côté d'une bonne occasion d'être renseigné en ne livrant pas d'abord quelque chose sur lui-même, ce qui aurait pu faire baisser la garde à son interlocuteur, le mettre à l'aise, transformant l'interrogatoire en un aimable échange.

Le policier se distingue par son exceptionnelle nervosité. Aidez-le, le pauvre, en reprenant le contrôle de l'échange. Saisissez la parole au bond : posez-lui une question ouverte puis approfondissez et signalez verbalement votre écoute. Demandez lui, par exemple, ce qu'il fait dans la vie. Poursuivez par des questions sur ce qu'implique un tel métier et comment il y est venu. Devenez l'hôte de la conversation afin de le mettre à l'aise. Cela vous permettra de ralentir la cadence de la conversation jusqu'à finalement établir un rythme agréable d'allée et venue de la balle de la conversation.

Le matamore

Ce malfaiteur figure sur la liste des criminels les plus recherchés pour avoir perpétré quantité de massacres de conversations à travers tout le pays. Il surgit fréquemment au moment de parler de soi. Il vante ses exploits, embellit la réalité, fanfaronne sur ses grandes et petites prouesses, exhibant un ego hypertrophié. Son arrogance est telle qu'il ne fait aucun effort pour rester discret. Son but est d'éblouir son entourage et il s'épanouit donc devant un public. Plus l'assistance est nombreuse, plus il fait le bravache. On l'a vu en une seule de ses apparitions tuer d'innombrables conversations.

Son signe particulier est de toujours raconter la totalité de ses prouesses. Il a fait un malheur à la Bourse. Il vous conte qu'il a été plus malin que tous les experts financiers en misant sur une valeur négligée qui lui a rapporté une fortune. Il va de soi que son fils est capitaine de l'équipe de base-ball et que les agents recruteurs d'équipes professionnelles se le disputent. Il ne vous épargnera aucun détail. Il vient justement d'acheter le dernier gadget électronique haut de gamme et se demande bien pourquoi tout le monde n'en fait pas autant. Il a toujours une anecdote du style « C'est moi le meilleur ! » à déballer.

La sœur de Matamore, Matamorette, est tout aussi létale, bien qu'elle préfère les échanges individuels avec les personnes de sa connaissance. Sa vantardise prend un tour plus personnel. Elle parle volontiers à son cercle d'intimes sur un ton de conspiration. Matamorette leur laisse le soin de propager plus largement le récit de ses prouesses. Elle ne dévoile jamais directement sa grandeur devant des inconnus. Elle laisse ceux-ci s'informer auprès de sa coterie de confidents, chargés de faire circuler les nouvelles. Si les inconnus en question ne sont pas obligés de s'incliner devant Matamorette, on n'en attend pas moins qu'ils soient impressionnés.

Matamorette décrira calmement à sa garde rapprochée sa nouvelle cuisine design et en indiquera le prix. Elle racontera ses vacances fantastiques sur la Côte d'Azur que personne ne devrait manquer de s'offrir. Elle vous donnera d'ailleurs le nom de son agent de voyage pour que vous puissiez copier sa merveilleuse idée.

Le seul espoir d'arrêter le massacre de conversation orchestré par Matamore et Matamorette est de revenir à des questions d'ordre général – les sujets d'actualité, par exemple. Vous pouvez aussi recentrer l'échange sur votre propre vie, vos occupations du moment. Il ne sert à rien de se mesurer avec eux car leur suffisance est impossible à contrer directement. Votre seul recours est de changer le cap de la conversation.

Le supérieur

Les membres de cette vieille lignée de criminels de la conversation sont cousins germains de Matamore et de sa sœur. Ils sont habituellement de sexe masculin, les femmes ayant une approche légèrement différente de ce crime. Si le Supérieur ne se vante pas de prime abord, il a toujours une histoire bien plus intéressante que la vôtre à raconter. Il ne semble pas du tout conscient de blesser un interlocuteur de moindre envergure en surenchérissant sur son histoire. Il arrive même au Supérieur de se croire réellement doué de compassion et d'une excellente faculté d'écoute tout en se mettant en valeur par rapport aux autres.

Vous voyez le topo. Votre collègue Brian cherche un emploi. Vous lui demandez s'il progresse. Dès que Brian vous brosse le tableau, John se lance dans le récit de ses propres problèmes dans son emploi, donnant l'impression que le chômage est mille fois préférable à ses soucis professionnels. Sans crier gare, le groupe est déjà en train de parler de ce qui se passe dans cette branche économique en général et voilà la recherche d'emploi de Brian passée à la trappe. Ses problèmes ne sont pas pris en compte. On ne lui propose aucune solution ni ne lui témoigne de compassion. Il n'obtient pas un mot d'encouragement. Brian est laissé pour compte, avec le sentiment que personne ne se soucie de son cas. Alors que John croyait peut-être lui offrir son soutien, il ne faisait que détourner l'attention générale de Brian vers lui-même.

Les femmes sont expertes en surenchère sur l'histoire d'un autre mais leur idée est plutôt d'égaler l'anecdote de l'interlocuteur. Quand Rose évoque ses problèmes relationnels avec Steven, Shelley exprime sa compassion en disant : *Ma chérie, je sais exactement de quoi tu parles. Mon cher Anthony a eu le culot de...* En empiétant sur l'histoire de Rose, Shelley ne fait pas preuve de commisération. Elle lui vole la vedette. Elle braque le projecteur sur elle-même, en le détournant de son interlocutrice, qu'elle a stoppée en plein récit.

Viviane, une relation professionnelle, m'a raconté cette histoire d'horreur dont elle et son compagnon ont été témoins lors d'une soirée très chic à Washington. « Un autre couple nous accompagnait. À un moment de la réception, la femme – appelons-la Cathy – fit un commentaire à propos d'une autre femme qui se trouvait non loin de nous et portait la même tenue que Cathy. Cette femme s'approcha de nous et Cathy engagea la conversation. Elle fit remarquer qu'elles portaient la même robe (en fait, elles se ressemblaient mais n'étaient pas exactement identiques). Cathy demanda ensuite à cette femme, dont elle venait de faire la connaissance, où elle avait acheté ce vêtement. Celle-ci lui indiqua le nom d'une boutique très connue et très chère. Je n'en ai pas cru mes oreilles quand j'ai alors entendu Cathy répliquer : "Eh bien, moi, j'ai acheté la mienne pour quinze dollars à une vente de charité ! " »

Un moment particulièrement délicat pour les femmes est lorsqu'elles parlent de leurs enfants. Parfois, je dois me faire violence pour ne pas intervenir et raconter mes propres histoires de gosses alors qu'une autre femme est en train de parler des siens. Au lieu de savourer l'anecdote dont elle me fait part, je peux me laisser distraire car son histoire me rappelle quelque chose de semblable que faisaient mes enfants au même âge. Je suis tellement excitée à cette pensée que je veux en parler tout de suite, dans le feu de la conversation. Il ne s'agit pas là d'un échange qui s'enlise — au contraire, c'en est un où chacun veut attraper la balle de la conversation ! Pourtant, une telle attitude coupe l'effet de la personne qui raconte son histoire particulière. Or c'est son récit qui a rendu le groupe si enthousiaste. Il est important d'être conscient de cela et d'apprécier pleinement une si bonne anecdote, en évitant de passer précipitamment à la suivante. Ce serait aussi déplacé que de vider d'un seul trait un verre de très bon vin ; dans votre hâte excessive, vous rateriez l'essentiel !

Sachez reconnaître les formules de surenchère les plus fréquentes : *J'ai connu ça* ou *Je suis déjà passé par là.* En une seule réplique lapidaire, la personne qui prononce ces quelques mots signifie que votre histoire est dépassée, qu'il n'y a rien à dire de plus sur le sujet. Elle fait comprendre à son interlocuteur, en termes on ne peut plus clairs, que son expérience est banale et qu'elle peut lui épargner le reste des détails d'une histoire aussi ennuyeuse. Il est très difficile de déjouer un supérieur car celui-ci est d'une efficacité redoutable dans le massacre de la conversation. Ceux qui en ont fait les frais tentent généralement de faire corps pour empêcher un nouveau crime.

Lindsay est une personne formidable mais son enthousiasme à créer le contact la rend parfois coupable de surenchère. Trop souvent, lorsque quelqu'un évoque les détails d'une expérience personnelle, on l'entend interrompre pour dire, en substance : *Ah, oui, ça m'est arrivé aussi....* Elle m'a avoué un de ses « crimes », commis alors que son amie Judy lui racontait ses vacances en Amérique du Sud. Judy se trouvait sur l'Amazone quand un énorme scorpion avait piqué une femme du groupe. Brusquement, Lindsay lui coupe la parole : « Moi aussi un jour, je me promenais en bateau sur une rivière du Kansas et les araignées d'eau étaient aussi grandes que ton chapeau ! » Judy lui prend alors le bras en disant : « Lindsay, c'est *mon* histoire. »

Le monopolisateur

Maître en artifice, le monopolisateur réussit à s'immiscer dans toutes les conversations. Ses victimes découvrent avec stupéfaction que même une personne très introvertie et timide peut s'avérer être un monopolisateur. Il surgit n'importe où, même à l'événement le plus huppé. Il frappe avec audace, s'emparant de la parole au vu et au su de tous. Il investit n'importe quelle conversation et en prend habilement le contrôle avant que quiconque n'ait pu réagir. Il ne manque jamais de témoin des crimes du monopolisateur mais, dans un premier temps, on est généralement trop séduit par le personnage pour le stopper. Il attire les projecteurs en parlant de lui-même et continue de « peler son oignon », dévoilant ses affaires personnelles sans se soucier du malaise qu'il peut susciter chez d'autres membres du groupe.

Le monopolisateur s'autocautionne : il est convaincu d'accomplir une mission d'intérêt général en animant la conversation. Les timides, séduits par ce jeu de scène, peuvent être les pires monopolisateurs. Au lieu d'accaparer la parole, le monopolisateur devrait la passer à quelqu'un d'autre dans le groupe. Pour ma part, j'observe la règle de ne jamais garder la parole plus de cinq minutes avant de la repasser à un autre. Attention, le temps file lorsqu'on parle de soi ! Peu importe le sujet – comment j'ai perdu trente kilos, comment je me suis mise à mon compte, pourquoi mes gosses sont si fabuleux – les aiguilles tournent. Lorsque mes cinq minutes sont passées, je m'efforce de passer la balle à quelqu'un d'autre avec une question ou un commentaire pertinent. Les monopolisateurs ne se trouvent pas que parmi nos partenaires de golf ou nos beaux-parents ! Ne me lancez pas sur ce sujet !

Si vous vous trouvez en tête-à-tête avec un monopolisateur, plusieurs solutions s'offrent à vous pour sauver la situation. Par exemple, en compagnie de votre patron, d'un client ou de votre belle-mère, il est généralement préférable de se rendre sans conditions et d'offrir son écoute. De temps à autre, vous réussirez peut-être à récupérer brièvement la parole en changeant de sujet, en parlant de vous ou en posant une question préparée d'avance. Mais il est impossible de stopper un monopolisateur. Chassez le naturel, il revient au galop. Si votre carrière ou votre relation avec votre belle-famille est en jeu, capitulez et considérez cela comme une bonne action occasionnelle.

Il est toutefois possible d'arrêter un monopolisateur avec succès. Lorsque vous atteignez votre seuil de saturation, hissez un drapeau blanc en guise d'avertissement. Tout comme on agite un drapeau blanc devant le pilote de course pour lui indiquer les contraintes de temps, il vous faudra en brandir un avant d'arrêter un monopolisateur dans sa course. Par exemple : vous êtes au bureau et votre ami Gary passe vous voir pour vous parler de ses exploits au golf. Si vous êtes à court de temps, d'intérêt ou de patience, hissez le drapeau blanc en disant : *Waouh, Gary ! Tu as fait une partie stupéfiante. Avant que tu ne continues, il faut que je te dise : je dois me remettre à préparer le budget dans quelques minutes.* Vous venez gentiment de signifier à Gary que vous serez obligé de mettre un terme à la conversation sous peu. Gary met encore quatre minutes à vous raconter ses exploits aux douzième et treizième trous. Vous pouvez maintenant conclure sur ces mots : *Eh bien, Gary, c'est vraiment impressionnant. Désolé, je dois m'occuper du budget maintenant. Nous pouvons peut-être reprendre cela à un autre moment*. À présent, vous pouvez retourner à votre budget sans le moindre souci. Vous avez fait preuve de courtoisie et d'obligeance en avertissant dûment votre interlocuteur qu'il était temps de mettre fin au bavardage.

Si vous êtes dans un groupe de trois personnes ou plus, endossez le rôle d'hôte et n'hésitez pas à intercepter la balle. Chaque année, je passe une soirée avec mes anciens amis de fac. Mon amie Lori est réputée pour sa capacité légendaire à monopoliser la conversation. Étant donné mon secteur d'activité, je me sens obligée d'aider le groupe en veillant à ce que chacun jouisse de son temps de parole. Par conséquent, une fois ses cinq minutes de prestation écoulées, je l'interromps ainsi : *Lori, c'est très intéressant d'entendre qu'Adam fait un si bon score au base-ball. Et toi, Marilyn, comment vont tes gosses ?* Passer de l'histoire du fils de Lori à ma question sur les enfants de Marilyn permet de maintenir la continuité de la conversation tout en donnant l'occasion à quelqu'un d'autre de s'exprimer. Si votre oncle est intarissable sur les misères du métier d'auditeur d'entreprise, détournez la conversation vers quelqu'un d'autre. *Ça a l'air drôlement dur, Oncle Joe. Et toi, Cousin Jules, qu'est-ce qui se passe pour toi au travail ?*

Les monopolisateurs ont toutefois déjà montré leur capacité à s'amender. Une fois qu'ils se sont rendu compte que leur bavardage incessant n'est pas spécialement apprécié des autres, ils réussissent à rétablir l'équilibre de la conversation.

Souvenez-vous qu'en votre qualité d'hôte, votre objectif ne consiste pas seulement à faire céder du terrain au monopolisateur mais également à inclure les autres parties – notamment les personnes plus réservées. Invitez-les au dialogue en leur adressant une question ou un commentaire. Même lorsqu'il n'y a pas de monopolisateur dans la conversation, passez la balle de la parole à chacun.

LE COUPEUR DE PAROLE

Gare au coupeur de parole ! Ce bandit se présente sous toutes les formes, tailles et coiffures imaginables. Je me suis souvent demandé si on ne l'avait pas constamment empêché de finir ses phrases étant enfant et qu'il se vengeait ainsi sur la société. Ce personnage se caractérise par sa grande vivacité, sa détermination à affirmer son point de vue ainsi que par son impatience. J'avoue avoir été condamnée comme interruptrice. J'ai été jugée coupable d'interrompre impitoyablement mon mari. On m'a laissée en liberté surveillée pendant une courte période mais, après trois forfaits de plus, je suis retrouvée en tôle. Mon mari étant très doux, ma condamnation lui a causé une grande angoisse. Il comprenait mon tempérament et ne souhaitait pas de confrontation avec moi. Mais après que j'eus fait déborder le vase une fois de trop mon mari a demandé réparation.

Souvent, il commençait par affirmer quelque chose et justifiait ensuite son propos. Lorsque je ne partageais pas son avis, je l'interrompais sans le laisser finir. Je ne voulais pas attendre trois minutes qu'il ait fini d'argumenter. Cela me semblait une éternité. La plupart des coupeurs de parole sont comme moi. Nous interrompons parce que nous croyons savoir à l'avance ce que vous allez dire. Nous n'avons pas de temps à perdre ! Ou bien, nous savons assurément que vous faites erreur et nous empressons de mettre en évidence les fautes de votre raisonnement.

Toutefois, ayant déjà traversé un divorce, je ne voulais pas faire échouer notre union presque parfaite sur l'écueil de mon manque d'attention et de patience. Je me suis aperçue depuis que les interruptions sabotent affreusement une bonne conversation, si bien que je suis partie en campagne contre elles. Il n'y a que trois raisons valable justifiant une interruption. La première, parce que vous devez partir sur-le-champ. La deuxième, lorsque le sujet de conversation vous est trop insupportable et qu'il vous faut en changer immédiatement. Et la troisième lorsque vous êtes en compagnie d'un monopolisateur qui refuse depuis plus de cinq minutes de vous accorder une ouverture dans la conversation.

Le rabat-joie

Le rabat-joie n'a pas son pareil pour saborder une petite conversation. Il tuera sa propre conversation en refusant de respecter les règles du jeu. Habile illusionniste, il (ou elle) transforme des questions ouvertes en mots d'esprit sans issue. Expert en écran de fumée et jeu de miroirs, le rabat-joie trouve toujours le moyen de réduire une belle question à une réponse d'un seul mot. Lorsque vous lui demandez : *Qu'avez-vous fait ce week-end ?*, le rabat-joie vous répond : *Rien*. Pourtant cette question lui offrait toute latitude pour choisir un aspect de son week-end à commenter. Au lieu de cela, il (ou elle) condamne la conversation en refusant de l'alimenter. Le rabat-joie n'est pas bon joueur. Il méprise les règles, se met à bouder et quitte le jeu sans prévenir. À un cocktail plein d'inconnus, un monsieur aborde une rabat-joie, se présente et demande : *Qu'est-ce que vous faites ?* Refusant de comprendre le sous-entendu « dans la vie », elle rétorque d'un ton sarcastique : *Dans quelles circonstances ?* Voici une autre réplique paresseuse très tendance : *Moi de même !* On peut entendre : *Je t'aime, mon cœur. — Moi de même*. Sur le même plan de nocivité on trouve l'expression *Idem !* dans *J'aime vraiment passer de si bons moments avec toi !*, qui reçoit en retour l'insipide : *Idem !* Ce type de réponse évasive est injuste à l'égard de la personne qui a en premier dévoilé ses sentiments.

Certains rabat-joie n'ont tout simplement jamais été formés ; ils ne savent pas comment formuler eux-mêmes des questions ouvertes. Avec un entraînement à la communication, certains d'entre eux s'améliorent notablement. Vous pouvez aider un rabat-joie en répondant à une question fermée comme si elle était ouverte. Par exemple, s'il vous demande : *Tu as passé un bon week-end ?*, ne répondez pas juste : *Excellent ! Et toi ?* Prêchez plutôt par l'exemple en disant : *Excellent ! Nous avons emmené les enfants skier et le temps était parfait. La seule ombre au tableau c'est que Mike s'est pris une méchante gamelle mais il s'en est remis*. Vous avez aidé le rabat-joie en lui fournissant un matériau lui permettant de poser une question pertinente et d'éviter la fin brutale de l'échange. Livrer des informations personnelles permet de faire tomber les barrières et de stimuler la conversation. Note de mise en garde : il est très aisé de devenir monopolisateur avec un rabat-joie. Maîtrisez-vous et continuez à renvoyer la balle. Fournissez des informations susceptibles de nourrir la conversation mais ne tirez pas la couverture à vous !

LES « JE-SAIS-TOUT »

Ces infâmes criminels vous écraseront de leur arrogance et leur condescendance. Ils sont au courant de tout et ne manquent pas de vous le faire savoir. Bien sûr, ils savaient que la Bourse allait plonger ou toucher des sommets. Ils savaient que les élections seraient serrées, que l'hiver serait glacial, et ainsi de suite. Ils sont tout simplement omniscients. Et, puisqu'ils sont persuadés d'avoir toujours raison, ils ne voient aucune raison de solliciter l'avis des autres ; ils les anéantissent sans aucun scrupule. En quelques secondes, ils peuvent réduire tout un groupe au silence car personne ne veut risquer l'humiliation aux mains de Monsieur ou Madame Je-sais-tout. Méfiez-vous de ces personnes qui ne montrent aucun intérêt pour l'opinion de quiconque en dehors de la leur.

Faites attention si vous avez tendance à faire étalage de vos opinions. Assurez-vous qu'on perçoive que vous n'avancez qu'un avis personnel sur ce qui vous convient à vous. Il y a aussi une question qui, employée à bon escient, empêche n'importe qui de devenir un Je-sais-tout. Elle comporte quatre mots : *Quel est votre avis ?*

La donneuse de conseils

La donneuse de conseils laisse toujours son empreinte sur le lieu du crime. On la repère aisément à l'éventail infini de solutions dont elle dispose pour résoudre les problèmes des autres. Hybride de conseillère multicarte (familiale, sexuelle, en bonnes manières) et d'oracle de Delphes, rien n'est insoluble à ses yeux – même lorsque vous ne cherchez pas de solutions ! Elle vous prodigue à titre gratuit des conseils que vous ne demandez pas.

En dépit de sa nature généreuse, la conseillère est une vraie hors-la-loi. Elle anéantit toute papote de bon aloi en se mêlant de ce qui ne la regarde pas. Car, en fait, la plupart des gens n'ont pas besoin de conseils — ce qu'ils veulent, c'est de la compassion et de l'humanité.

Lorsque la conseillère enfourche son cheval blanc pour sauver la situation, elle sous-estime la personne même qu'elle tente d'aider. Elle croit que le fait d'avoir entendu quelque bribe d'un problème qui se pose à quelqu'un lui en donne la compréhension intime et qu'elle connaît la solution parfaite. La conseillère ferait beaucoup mieux d'approfondir le sujet par des questions appropriées et de proposer soutien et réconfort au lieu de remèdes non sollicités.

La donneuse de conseils exerce un grand pouvoir de séduction car elle est optimiste, confiante et désireuse d'aider. C'est justement ce qui rend son pouvoir si insidieux. Il est facile de se retrouver involontairement en train de l'imiter. Je viens d'en faire l'expérience ; je me suis surprise dans le rôle de la donneuse de conseils et j'en ai été vraiment vexée ! Je déjeunais avec mon ami Bill, récemment promu directeur commercial responsable d'une vaste zone géographique au sein de son entreprise de matériel médical. Il me parlait de ses difficultés avec un nouveau commercial : les ventes de cet employé ne décollaient pas, il ne progressait pas, était découragé, etc. Et me voilà arrivant d'emblée avec toutes les solutions pour ce vendeur : *Je crois que la clef du succès c'est vendre, vendre, vendre. La visibilité maximale, c'est l'essentiel. Moi, j'ai frappé aux portes jusqu'à ce qu'elles finissent par s'ouvrir.*

En fait, Bill n'avait pas vraiment besoin de mes conseils mais de mon soutien. Il voulait seulement faire état de ses difficultés, partager ses soucis. En donnant des solutions, je ne faisais pas preuve de compassion. J'étais juste présomptueuse. Bill ne demandait pas conseil, il ne faisait pas appel à mon infinie sagesse — il voulait juste une oreille attentive. Ne commettez pas la même erreur ! Faites don de votre écoute et ne proposez des conseils que lorsqu'on vous les demande.

Les donneurs de conseils sont omniprésents. J'en ai rencontré un sur les pistes de ski du Colorado. Je me trouvais à Vail pour donner un séminaire sur la Petite Conversation à des moniteurs de ski. Je décidai alors d'ignorer ma phobie des hauteurs et de prendre une leçon de ski afin de comprendre sur le terrain quelles techniques de petite conversation seraient les plus utiles aux moniteurs. On m'a regroupée avec une famille venue d'Alabama qui n'avait jamais vu la neige auparavant. Au fil de la leçon, le moniteur remarqua que je skiais toujours avec une extrême prudence — j'étais encore plus timorée que les Alabamiens ! Il en conclut que je devais avoir des quadriceps déficients et m'indiqua alors quelques exercices pour les fortifier et résoudre ce problème.

Sauf que le vrai problème était que le moniteur-donneur-de-conseil avait diagnostiqué cette difficulté sans me consulter, en ignorant que je pratiquais intensément la course à pied. La tonicité de mes quadriceps est parfaite, merci ! En fait, c'était ma terreur de me trouver à une altitude de plus de 3 300 mètres qui me paralysait presque. Si le moniteur s'était donné la peine de découvrir cela, il m'aurait donné un cours de ski bien plus efficace. S'il avait approfondi la question, il aurait découvert que son diagnostic hâtif d'un soi-disant problème musculaire était totalement erroné.

Les médecins sont parmi les plus notoires donneurs de conseils. Ils interrompent fréquemment leur patient pour rendre leur diagnostic avant même que celui-ci n'ait pu exposer entièrement son cas. Il arrive que le patient n'aborde le cœur du problème que lorsque le docteur est déjà debout, la main sur le bouton de porte, s'apprêtant à le laisser partir. Si le docteur restait assis un peu plus longtemps pour écouter son patient jusqu'au bout avant de rendre son avis, la consultation serait bien plus réussie. Chacun s'épargnerait de la frustration et jouirait d'un meilleur résultat !

La conversation ci-dessous vous rappelle-t-elle quelque chose ?

Steve : Tu as passé une bonne journée ?

Debra : Ça a été difficile.

Steve : Qu'est-ce qu'il y a ?

Debra : J'ai une tonne de paperasses à remplir pour un dossier de séminaire et je n'ai pas encore préparé mes affaires pour mon voyage de demain à Seattle. Je suis vraiment en retard.

Steve : Mais Deb, je te l'ai dit mille fois, il faudrait que tu travailles plus intelligemment au lieu de plus dur. Tu devrais laisser ton assistante préparer les dossiers. Et pourquoi n'as-tu pas préparé ton sac de voyage pendant le week-end au lieu d'attendre la dernière minute ? Tu devrais mieux planifier.

Debra : Primo, si ce n'était pas la dernière minute, rien ne serait fait. Secundo, le jour où je te dirai comment soigner les dents de tes patients, alors tu pourras me dire comment mener mon affaire !

Je critique mon mari mais je peux être aussi pénible que lui sinon plus :

Debra : Bonjour, Steve, tu as bien dormi ?

Steve : J'ai passé une nuit affreuse. J'ai mis une éternité à m'endormir et ensuite, je n'ai pas arrêté de m'agiter dans mon sommeil.

Debra : Steve, pourquoi tu n'essayes pas de faire un peu d'exercice ou de lire un livre pour te détendre ?

Me voilà en train de donner un conseil qu'on ne m'a pas demandé. Tout ce que mon mari voulait, c'était une réponse du genre : *Oh, Steve, ça a dû être si pénible !*

Signifiez que vous avez reconnu l'importance de ce qu'on vous dit. Fournir des conseils non sollicités est inopportun dans presque toutes les situations.

Pour une conversation sans infraction

Les huit malfaiteurs mentionnés plus haut sont capables de trucider n'importe quelle conversation. Bien sûr, il y a aussi des néocriminels – pour la plupart des auteurs de délits mineurs qui peuvent mettre à mal un bon bavardage sans toutefois l'anéantir. Vous avez certainement les compétences nécessaires pour faire face à ce genre d'infractions. Mais dès que vous identifiez un des criminels les plus recherchés, soyez sur vos gardes. Le pratiquant de la conversation même le plus averti peut tomber dans un guet-apens. Vous aussi pouvez nuire à votre propre conversation car force est de constater que nous avons tous un casier judiciaire. En ce qui me concerne, je suis une interruptrice chronique si je ne me discipline pas. À moins d'être un parangon de vertu, il y a des chances pour que vous ayez une faiblesse en matière de conversation qui vous vaille de figurer sur la liste des criminels les plus recherchés. Surveillez votre propre activité criminelle car vous pourriez être complice du meurtre d'une bonne conversation.

Même si vous empruntez la voie royale et que votre casier judiciaire de petite conversation est toujours vierge, vous ne savez jamais quand vous allez devoir faire face à un meurtrier en vadrouille massacrant des petits bavardages innocents. Parfois, on ne peut rien faire, si ce n'est préserver sa propre sécurité en fuyant. Il vous revient par conséquent de prévoir différents itinéraires de fuite, de manière à pouvoir vous échapper à la hâte en cas de besoin. N'ayez crainte ! Je ne vous abandonnerai pas à votre sort. Votre issue de secours vous attend.

10

Sortie élégante

Que vous essayiez d'échapper à un tueur de conversation invétéré ou désiriez circuler plus librement, il existe des façons de s'extraire d'une conversation tout en préservant l'ego de votre interlocuteur. J'observe que beaucoup de gens s'éternisent dans un échange, restant plus qu'il ne le faudrait, pour deux raisons principales : ils se sentent pris au piège, surtout s'il s'agit d'un entretien à deux, ou bien ils s'y sentent si bien qu'ils hésitent à le quitter. Le confort engendre parfois l'inertie. Pourquoi irais-je risquer un rejet d'un inconnu alors que je peux rester ici avec vous à parler sport ? Si vous assistez à une soirée ou à une réunion professionnelle et que votre but est de faire de nouvelles connaissances, vous devez trouver le courage de quitter une conversation afin de réaliser vos objectifs. Bien exécutée, une prise de congé sincère n'en rendra votre relation que plus appréciable.

Quand vous vous apprêtez à quitter une conversation, rappelez-vous pourquoi vous avez initié cet échange avec votre interlocuteur et ramenez la conversation vers ce sujet. Vous donnerez ainsi du sens au lien créé et pourrez prendre congé plus facilement. Par exemple, lors d'une soirée portes ouvertes organisée par une grande entreprise, avant de quitter mon interlocuteur, je lui dis : *Tom, c'était passionnant de parler avec vous des changements qui affectent l'industrie médicale... Je dois absolument aller voir une autre cliente avant qu'elle ne parte. Merci d'avoir partagé votre expérience avec moi.* Tom me rend alors le compliment, nous nous serrons la main et je me dirige vers ma cliente tandis que Tom prend une autre direction.

Vous aurez sans doute remarqué que je ne me suis pas excusée de mon départ. Je n'ai pas prétendu que je devais passer un coup de fil à la baby-sitter ou répondre à un texto. Le célèbre proverbe « la simple honnêteté est la meilleure politesse » se vérifie une fois de plus. Il est essentiel de rester serein et d'expliquer calmement sa raison afin d'effectuer un départ courtois. Même si vous avez détesté l'échange et que vous rongez votre frein en attendant de pouvoir le conclure, sachez partir avec délicatesse. Voici quelques exemples de « sorties » diplomatiques :

Partir en beauté

- Il faut que j'aille voir ce qui est exposé.
- Je veux absolument parler au conférencier.
- Je vais faire un tour pour rencontrer quelques-uns des nouveaux membres.
- J'aimerais aller voir s'il y a des gens de ma profession ici, aujourd'hui.
- Je dois parler avec la responsable des inscriptions avant qu'elle ne parte.
- Je me suis promis de faire la connaissance de trois nouvelles personnes avant de quitter cette soirée.
- Je voudrais rencontrer d'autres clients potentiels au cours de la matinée.
- Je veux aller saluer toutes les personnes présentes à cette réunion/cette soirée.

Ces répliques sont efficaces parce qu'elles concentrent l'attention directement sur vous. Vous annoncez clairement le motif de votre départ : *vous avez quelque chose à faire*. Il n'existe aucun malentendu : vous avez un programme à suivre et vous essayez de vous y tenir. En revendiquant vos objectifs, vous déculpabilisez l'interlocuteur. Il sait à présent que votre besoin de le quitter n'a rien à voir avec la qualité du moment que vous venez de passer en sa compagnie. Ou bien, vous pouvez emprunter la stratégie mise au point par le regretté George Plimpton pour échapper aux raseurs lors d'une soirée. Plimpton disait qu'il avait toujours deux boissons à la main. S'il voulait s'éclipser d'une conversation , il s'excusait poliment en disant qu'il devait apporter l'autre verre à quelqu'un.

La règle cardinale à respecter en partant ainsi est de faire effectivement ce que vous avez annoncé. Si vous avez pris congé de Joanne en lui disant que vous alliez à l'exposition, allez-y. Si vous permettez à quelqu'un de vous happer en chemin, vous courez le risque de blesser votre interlocutrice. Par exemple, si Vince vous intercepte alors que vous vous dirigez vers la salle d'exposition, ne vous arrêtez pas pour bavarder avec lui ! Dites au contraire : *Salut Vince, ravi de te voir. Je vais à l'expo. Tu m'accompagnes ou on se retrouve après ?* Si vous commettez l'erreur de vous lancer dans une conversation avec Vince, tout ce que Joanne verra c'est que vous n'êtes pas allé à l'exposition. Elle en déduira que vous n'avez jamais voulu vous y rendre, que votre véritable intention était d'arrêter l'échange. Vous en tirez une réputation ternie, une personne mécontente et probablement d'autres conséquences imprévues. Ne compromettez pas une relation en manquant d'aller à la destination que vous aviez annoncée !

À vos affaires !

Votre petite conversation sera beaucoup plus fructueuse si vous gardez le cap de vos priorités au lieu de papillonner avec quiconque passe le seuil de la porte. Ayez des questions préparées à l'avance et une liste de personnes en tête que vous souhaitez rencontrer. Notez mentalement votre avancement dans la réalisation de vos objectifs, ce qui vous aidera à acquérir la motivation nécessaire pour quitter une conversation et vous lancer dans une autre. Cela vous fournira aussi un certain nombre de raisons à invoquer dans vos phrases de transition.

Vous pouvez, en partant, faire appel à l'aide de votre interlocuteur pour un motif professionnel – en vous faisant orienter vers quelqu'un d'autre ou en demandant du travail. Par exemple, vous vous êtes entretenu pendant quinze minutes avec Shelly et vous devez aller voir d'autres personnes avant la fin du cocktail. Shelly pourra peut-être vous y aider pour peu que vous le lui demandiez. Dites : *Shelly, j'ai des problèmes ces derniers temps avec le logiciel graphique de mon Mac à la maison. Connaissez-vous quelqu'un ici qui utilise cette application sur un PC ?* Elle vous répondra soit en vous aiguillant vers la personne adéquate, soit en vous disant qu'elle ne connaît personne utilisant ce matériel. D'une façon comme de l'autre, vous avez marqué une nette rupture dans la conversation. Si Shelly ne peut vous aider, vous la remercierez en lui disant que vous devez absolument trouver quelqu'un pour vous aider, et prendrez congé. Ce n'est pas plus compliqué que ça. N'arguez pas d'un problème juste pour échapper à une conversation. Révisez mentalement votre programme et faites-vous orienter vers quelqu'un qui puisse favoriser la réalisation de vos objectifs.

Imaginez que vous souhaitiez trouver un nouveau client ou un nouvel emploi. Si vous vous êtes rendu à la soirée avec ce programme, il vous faut le verbaliser pour l'accomplir. Vous pouvez le faire aisément sans pour autant mettre votre interlocuteur dans l'embarras. Dites seulement : *Patrick, connaissez-vous quelqu'un qui saurait où je peux trouver un emploi vacant d'ingénieur ?* Une question comme celle-ci entraîne deux résultats positifs. Primo, elle informe l'autre partie, sans insistance, du fait que vous êtes en recherche d'emploi. Patrick est peut-être effectivement en mesure de vous aider. Deuxio, vous avez ouvert des canaux menant à d'autres personnes. Patrick vous répondra peut-être : *Désolé, Debra, je ne peux pas vous aider là-dessus mais Jim, de l'autre côté du bar, est ingénieur. Il aura sans doute des tuyaux pour vous*. Vous pouvez alors vous retirer élégamment de la conversation et vous diriger vers une personne susceptible de vous aider dans votre recherche. Vous vous présenterez sans difficulté à Jim en disant : *Je viens d'avoir une conversation avec Patrick et il m'a dit que vous êtes ingénieur.* Vous disposez à la fois d'une entrée en matière et d'un sujet de conversation afin d'aborder votre nouveau contact sans effort ni angoisse. Peut-être pourrez-vous même décrocher un nouvel emploi par cette seule démarche !

Lorsque vous quittez une conversation, n'hésitez pas à demander à votre interlocuteur ce qui peut vous être utile afin d'élargir votre clientèle ou d'établir de nouveaux contacts. Chaque personne présente à une réunion professionnelle a ses objectifs — presque tout le monde est là pour faire de nouvelles affaires. Il ne manque pas de façons de demander des renseignements qui vous mèneront à de nouveaux contacts ! Voici quelques formules propres à faire avancer vos affaires. Essayez-en quelques-unes et adaptez celles que vous préférez à votre personnalité :

Domaine professionnel
Se faire orienter vers quelqu'un

• Pourriez-vous me recommander quelqu'un qui aurait besoin d'un --- ? Je vous serais reconnaissant de me fournir cette information.
• Connaissez-vous quelqu'un à qui je pourrais parler de --- ?
• Qui, selon vous, serait en mesure de m'aider à ---?
• J'espérais pouvoir rencontrer quelqu'un d'intéressé par ---. Avez-vous une idée de la personne ?
• À qui d'autre pourrais-je parler de mon désir d'intégrer le comité de ---?

Ces techniques ne sont pas réservées au milieu des affaires. Vous pouvez les appliquer aisément aux relations sociales en général. En voici quelques exemples :

Vie sociale
Se faire orienter vers quelqu'un

• J'aimerais rencontrer une personne qui fait de la randonnée ou qui aurait des renseignements sur les clubs de randonnées. Savez-vous si quelqu'un ici peut m'aider ?
• Connaissez-vous quelqu'un qui vient juste d'arriver dans la région comme moi ?
• Je vais chercher quelqu'un qui aimerait s'engager dans des activités bénévoles.
• Connaissez-vous quelqu'un qui aimerait aller voir le match des --- [équipe de foot ou autre] lundi soir ?

La relève de la garde

Un grand classique lorsqu'on quitte une conversation est d'exécuter une « relève de la garde ». Lorsqu'une nouvelle personne s'intègre au groupe en s'adressant à un ou deux de ses membres, il s'en trouve alors une ou deux autres pour prendre congé. C'est une façon simple et rapide de s'éclipser, très communément utilisée mais son inconvénient est qu'elle ne facilite votre départ que lorsque l'occasion se présente. Cependant, si vous cherchez désespérément une issue de secours, vous voilà sauvé !

Une variation de cette même technique consiste à emmener votre interlocuteur avec vous en partant. Cela peut se faire même lorsque vous n'êtes que deux en conversation. Vous irez présenter votre interlocuteur à quelqu'un qui peut lui être utile. Les propositions suivantes permettent d'opérer la transition en douceur :

Invitez-les à se joindre à vous

- J'aimerais vous présenter à l'une de mes associées qui travaille dans votre domaine. Voyons si elle est par là.
- Mat est une personne formidable avec une histoire intéressante. J'aimerais que vous fassiez connaissance.
- Allons voir le conférencier.
- Je vois que mon amie Jennifer est là. Allons lui dire bonsoir.
- Allons faire un tour. Je me suis promis de faire de nouvelles rencontres.
- Allons chercher quelque chose à manger.

Inviter votre interlocuteur à vous accompagner vers votre nouvelle destination, c'est une façon à la fois élégante et attentionnée de vous en séparer. Vous demeurez concentré sur votre propre programme mais vous ne laissez pas pour autant votre partenaire en plan. Inversez la situation en pensant à l'autre personne vous invitant à se joindre à elle. Voilà une excellente occasion d'être présenté à une nouvelle personne ou bien vous pouvez poliment décliner l'offre, tout en vous sentant valorisé par l'invitation.

Grands effets d'un peu de reconnaissance

Clore une conversation en montrant que l'on a apprécié l'échange est une façon de partir sur une note gaie et positive. Remercier les autres pour le temps qu'ils vous ont consacré, la compétence qu'ils ont partagée ou simplement pour le plaisir de la conversation est toujours bienvenu. Une impression d'équilibre et d'assurance se dégage de vous lorsque vous prenez congé en exprimant d'une manière ou d'une autre votre gratitude à votre interlocuteur. La marche à suivre est la même que lorsqu'on fait un compliment pour alimenter la conversation. Appliquez la même règle : soyez vrai ! Exprimée sincèrement, votre gratitude produira une onde de bienveillance qui s'associera à votre nom. La reconnaissance est un compliment doublé d'une clôture. Vous avez su achever la conversation sur une note personnelle, de sorte que votre interlocuteur et vous-même vous séparez sur une bonne impression l'un de l'autre. Voici quelques façons de procéder.

Montrer sa reconnaissance

- C'était un plaisir de vous voir et d'apprendre la tenue de ce nouveau colloque.
- J'ai vraiment apprécié de parler avec vous de votre nouvelle société.
- J'apprécie votre bonne volonté à partager vos compétences.
- Merci pour cette conversation si agréable.
- Je suis ravi que vous m'ayez initié à ------. C'est passionnant !
- Comme il est agréable de rencontrer quelqu'un d'engagé dans ---.
- C'était si gentil de votre part de me présenter à ---. Merci beaucoup.
- J'apprécie votre effort pour m'inclure dans la conversation. C'est difficile d'être nouveau dans un groupe et vous m'avez facilité la tâche.

Songez à terminer la conversation comme vous l'avez commencée – sur un sourire et une poignée de main. C'est indispensable, même si vous devez pour cela vous lever et faire le tour de la table. Quand vous scellez une conversation d'une poignée de main, vous laissez une impression durable. Ce bref contact physique met en valeur la relation que vous avez travaillé à établir. En revanche, vous fondre dans la foule discrédite votre intégrité et vos intentions. La fin de la conversation représente votre ultime chance d'établir un contact avec quelqu'un. Saisissez-là et misez dessus !

Partir c'est mourir un peu

Si vous avez rencontré quelqu'un avec qui vous souhaiteriez approfondir la relation, la meilleure solution c'est de lui demander de se revoir. Prenez sur vous de lancer une nouvelle invitation. Vous êtes une femme ? Ne croyez pas que l'initiative revienne à l'homme — que ce soit dans le champ professionnel ou social. Vous êtes célibataire ? Si vous cherchez des tuyaux sur la manière de lancer une invitation, reportez-vous au chapitre 13, « Comment survivre dans l'univers des célibataires ». Cette partie vous permettra d'utiliser adéquatement la petite conversation pour réaliser vos objectifs. Que vous soyez homme ou femme, peu importe ; si votre but était de faire une nouvelle connaissance et de cultiver cette relation, ne vous arrêtez pas en cours de route !

Prenez votre courage à deux mains et lancez-vous. Certes, vous vous sentirez en terrain peu familier mais on ne peut guère récolter de fruits sans prendre quelques risques. Sachez toutefois que si vous essuyez un refus, ce n'est pas un jugement porté sur vous car l'autre personne ne vous connaît pas assez pour pouvoir tirer des conclusions sur vous. Souvenez-vous de mon ami Rex… C'était sa timidité qui l'empêchait de m'inviter à s'asseoir avec lui pendant la *happy hour*. Si votre tentative d'établir un contact est rejetée, vous ne pouvez absolument pas en savoir la raison – à moins que celle-ci ne vous soit clairement indiquée. Voici quelques façons d'inviter à poursuivre une relation :

Formuler une invitation

- Je ne voudrais pas monopoliser votre temps ce soir. Pourrions-nous nous voir un peu plus tard ?
- Vous verrai-je à la prochaine réunion ?
- Je penserai à vous pendant votre ---. Puis-je vous appeler à votre retour ?
- J'aimerais passer un peu de temps avec vous. Puis-je vous téléphoner pour choisir un moment qui vous convienne ?
- Je déposerai l'article dont nous avons parlé à votre bureau la semaine prochaine. Je vous téléphonerai pour que l'on fixe un rendez-vous.
- J'aimerais qu'on revoie ensemble ce que nous avons fait en cours ce soir. Aimeriez-vous venir prendre un café avec moi ?
- J'ai aimé cette séance de sport avec vous. Voudriez-vous qu'on recommence la semaine prochaine ?
- J'espère que nous pourrons bientôt faire des affaires ensemble. Puis-je vous appeler dans quelques jours pour voir si vous êtes toujours aussi intéressé ?

Avant de quitter une conversation, ayez une destination précise en tête. Il ne s'agit pas nécessairement d'enchaîner sur un autre échange. N'hésitez pas à aller chercher à manger, à vous procurer une boisson fraîche, à appeler la baby-sitter pour vérifier comment vont les enfants, à aller aux toilettes ou même à faire un tour dans la pièce. Cependant, tout mouvement attire l'attention ; veillez donc à ne pas avoir l'air égaré. Si votre interlocuteur précédent s'aperçoit que vous errez sans but, il pourra s'estimer offensé que vous ayez préféré votre propre compagnie à la sienne.

Parce que la manière dont vous quittez une conversation laisse une impression durable, vous devez faire preuve de finesse pour exécuter un départ élégant. Il n'y a rien d'ésotérique dans ces techniques ; elles ne demandent aucune compétence de haute volée. Ce sont des petits trucs de bon sens, mais leur pratique n'est malheureusement pas suffisamment répandue. Entraînez-vous fréquemment, jusqu'à ce que vous réussissiez à vous extraire d'un échange par différentes méthodes. L'acquisition de cette compétence améliorera nettement votre confiance en vous et la qualité de votre présence. Et cette plus grande assurance aura à son tour pour effet de vous rendre plus attirant comme partenaire de conversation.

11

La balle de la conversation est dans votre camp !

Voici une antisèche remplie de petits trucs à réviser avant d'assister à un événement – une réunion, une grande occasion, un entretien, ou un rendez-vous amoureux. Soyez toujours prêt à risquer et à prendre l'initiative. Consultez la liste ci-dessous, allez à n'importe quelle réunion, déjeuner ou soirée qui se présente et faites des étincelles !

Cinquante façons de nourrir une conversation

1. Soyez le premier à saluer.
2. Présentez-vous aux autres.
3. Prenez des risques. Visez le succès.
4. N'oubliez pas votre sens de l'humour.
5. Pratiquez différentes façons d'engager la conversation.
6. Faites un effort particulier pour mémoriser les noms et prénoms.

7. N'hésitez pas à demander son nom à quelqu'un si vous l'avez oublié.
8. Montrez-vous curieux des autres et sincère dans votre intérêt.
9. Partagez avec les autres les événements importants de votre vie. N'attendez pas qu'on les tire de vous.
10. Montrez que vous écoutez en reprenant les propos de votre interlocuteur à votre façon.
11. Transmettez votre enthousiasme et votre passion à propos des sujets que vous abordez et de la vie en général.
12. Efforcez-vous de faire de nouvelles rencontres partout où vous vous trouvez.
13. Respectez le droit d'une personne à avoir des opinions et des croyances différentes des vôtres.
14. Laissez votre naturel s'exprimer dans vos échanges.
15. Soyez capable d'expliquer succinctement – en quelques phrases courtes – ce que vous faites dans la vie.
16. Présentez-vous de nouveau à quelqu'un qui aurait oublié votre nom.
17. Soyez prêt à raconter aux autres un événement intéressant ou un pari difficile lié à votre activité.
18. Faites attention à la gestuelle ouverte ou fermée à l'autre.
19. Souriez, maintenez le contact visuel, tendez la main, et allez à la rencontre d'une personne disponible.
20. Saluez les gens que vous croisez régulièrement.
21. Cherchez ce que vous avez en commun avec les gens que vous rencontrez – les intérêts, les objectifs et les expériences que vous partagez.
22. Essayez d'aider dans la mesure du possible.
23. Laissez aux autres le soin de jouer les experts.
24. Répondez volontiers aux questions banales et rituelles.
25. Enthousiasmez-vous pour les intérêts des autres.

26. Veillez à ce que le temps d'échange soit équilibré entre les informations que vous livrez et celles que vous recevez.
27. Soyez capable de parler de toute une variété de sujets.
28. Maintenez-vous au courant des événements, des faits d'actualité et des questions de société qui nous affectent tous.
29. Soyez prêt à exprimer vos sentiments, vos opinions et vos émotions aux autres.
30. Employez « je » plutôt que « on » quand vous évoquez vos propres sentiments ou des questions personnelles.
31. Manifestez visuellement aux autres le plaisir que vous prenez à la conversation.
32. Soyez prêt à inviter les autres à se joindre à vous lors d'autres événements/activités afin d'approfondir votre relation.
33. Trouvez le moyen de rester en contact avec les amis et les connaissances que vous avez rencontrés.
34. Demandez l'avis des autres.
35. Cherchez à découvrir le côté positif des personnes que vous rencontrez.
36. Commencez et finissez vos entretiens sur le nom de votre interlocuteur et une poignée de main ou un salut chaleureux.
37. Prenez le temps d'être aimable avec vos voisins et collègues.
38. Faites savoir aux autres que vous aimeriez mieux les connaître.
39. Demandez des précisions ou des nouvelles sur ce que les autres ont pu mentionner lors de précédentes conversations.
40. Écoutez attentivement les informations qui vous sont offertes.
41. Tenez-vous prêt à poser des questions ouvertes afin d'en apprendre davantage.

42. Changez de sujet de conversation quand celui-ci est épuisé.
43. Cherchez toujours les sujets propres à captiver les autres.
44. Complimentez vos interlocuteurs sur leurs vêtements, sur ce qu'ils font ou disent.
45. Encouragez les autres à vous parler en leur adressant des signaux positifs.
46. Faites en sorte de retrouver les gens que vous aimez et de leur parler.
47. Quand vous racontez une anecdote, présentez-en d'abord l'essentiel puis ajoutez les détails.
48. Intégrez autant que possible chaque personne présente à la conversation.
49. Soyez attentif aux signes d'ennui ou de manque d'intérêt chez votre interlocuteur.
50. Préparez-vous à l'avance pour chaque rencontre d'ordre social ou professionnel.

12

Profitez pleinement de tous les événements relationnels !

Apprenez à tirer le maximum des réunions, des entretiens et des rencontres professionnelles ; apparaissez posé et sûr de vous en compagnie de clients aux colloques, salons et autres événements professionnels.

Vous redoutez les réceptions, les banquets et les mondanités d'affaires ? La perspective de devoir assister à une journée portes ouvertes de plus vous donne envie de vous barricader chez vous ? Vous n'êtes pas le seul dans ce cas. Nous sommes nombreux à appréhender ces situations car la plupart d'entre nous détestent se trouver dans un endroit où l'on ne connaît personne ou passer du temps en compagnie de gens peu familiers. Entretenir une conversation dans ces circonstances peut être un véritable supplice.

Or, ces occasions représentent pour les professionnels, qu'ils soient cadres ou indépendants, la possibilité de construire des liens d'amitié dans leur domaine d'activité et d'élargir leur réseau de contacts. Que vous en soyez conscient ou non, on ne cesse jamais de faire du relationnel.

Lors d'une réunion mondaine quelque peu coincée, lors d'une présentation commerciale ou d'un entretien difficile, la petite conversation peut transformer une situation ardue en succès. Bavarder nous lie, que ce soit dans le monde des affaires ou dans nos relations sociales.

Chacun acquiert les compétences nécessaires à l'exercice de son métier mais tout le monde n'attache pas d'importance aux techniques de conversation. Pourtant, la faculté de parler aisément avec n'importe qui est une aptitude acquise et non un trait de personnalité. Son acquisition vous aidera à développer vos relations et à laisser une impression positive plus durable qu'un bref échange de cartes de visite.

Voici quelques petits conseils que tout professionnel peut mettre à profit afin d'améliorer ses aptitudes à la petite conversation.

- **Soyez le premier à dire bonjour !**

- **Présentez-vous.** Agissez en hôte. Faites les présentations des nouveaux arrivants à votre ou vos interlocuteurs déjà présents.

- **Souriez le premier et serrez toujours la main quand vous rencontrez quelqu'un.**

- **Prenez votre temps pendant les présentations !** Faites un effort particulier pour mémoriser les noms et employez-les fréquemment dans la conversation.

- **Maintenez le contact visuel durant n'importe quelle conversation.** Beaucoup de gens, lorsqu'ils sont dans un groupe de trois personnes ou plus, regardent à la ronde en comptant sur les autres membres du groupe pour maintenir le contact visuel à leur place. Pourtant les gens ne se sentent pas écoutés si on ne les regarde pas.

• **Faites dire à certains les raisons qui les ont amenés à participer à l'événement.** Vous êtes maintenant sur le point d'engager une conversation avec eux.

• **Montrez de l'intérêt pour chaque personne.** Plus vous manifestez d'intérêt, plus vous semblerez intelligent et séduisant aux yeux des autres.

• **Écoutez attentivement** et notez mentalement toute information susceptible d'entretenir l'échange.

• **Rappelez-vous : on souhaite fréquenter des gens qui nous font nous sentir spéciaux** et non des gens qui sont « spéciaux ». Chargez-vous d'aider chacun de vos interlocuteurs à sentir qu'il est la seule personne qui compte dans la pièce.

• **Jouez le jeu de la conversation.** Si quelqu'un vous demande *Comment vont les affaires ?* ou *Que se passe-t-il en ce moment ?*, ne vous contentez pas de répondre *Comme d'habitude* ou *Pas grand-chose*. Offrez plus de détails afin que les autres puissent apprendre quelque chose sur vous.

• **Soyez prudent dans vos relations d'affaires.** Évitez d'engager une conversation sur un *Comment va votre travail à --- ?* Et si, par malheur, cette personne venait juste d'être licenciée ? Faites attention lorsque vous demandez à l'une de vos relations des nouvelles de son conjoint ou d'un de ses meilleurs amis ; vous pourriez le regretter.

• **Ne vous comportez pas en policier.** Des questions telles que : *Qu'est-ce que vous faites dans la vie ?, Êtes-vous marié(e) ?, Avez-vous des enfants ?, D'où êtes-vous ?* mènent à des impasses conversationnelles.

• **Prenez conscience de ce que votre corps exprime.** Les gens anxieux mettent les autres mal à l'aise. Montrez-vous assuré et décontracté, même si vous ne l'êtes pas.

• **Arrivez préparé.** Passez quelques minutes, avant l'événement prévu, à vous préparer à parler facilement d'environ trois sujets. Ils vous seront bien utiles si vous vous trouvez au milieu d'un silence gêné… ou assis à une table de huit où tout le monde a les yeux baissés sur son assiette.

• **Montrez de l'intérêt aussi pour l'opinion de votre interlocuteur.** Vous n'êtes certainement pas le seul à avoir un avis sur le financement du programme spatial ou sur les tendances de la Bourse.

• **Arrêtez net les monopolisateurs de conversation.** Si possible, guettez le moment où la personne reprend son souffle ou fait une pause et faites irruption avec un commentaire sur leur sujet. Puis réorientez immédiatement la conversation dans la direction qui vous intéresse.

• **Soyez prêt à vous retirer élégamment.** Vous devez faire un tour et rencontrer d'autres gens.

• **Ne vous éclipsez pas des conversations**. Laissez une impression positive en serrant la main et en disant au revoir quand vous partez.

Chaque rencontre comporte des risques. Tant que vous cherchez de nouvelles personnes à rencontrer et que vous témoignez un intérêt pour les autres, vous pouvez nouer des amitiés et savourer des conversations animées.

13

Survivre au monde des célibataires

Vous entrez dans une salle pleine de monde. Toutes les personnes présentes semblent occupées à converser agréablement avec quelqu'un d'autre. Vous commencez à vous inquiéter d'être jugé et qu'on ne vous trouve pas à la hauteur. Vous vous blindez contre un rejet éventuel. Vous êtes sur le point de faire demi-tour et de décider qu'assister à cette soirée n'en vaut pas la peine.

Il se peut que vous souffriez de « phobie sociale ». Mais il y a aussi des chances que vous soyez juste à une soirée de célibataires, éprouvant une inquiétude tout à fait naturelle à l'idée de vous exposer et de vous rendre vulnérable.

La situation sociale sans doute la plus effrayante est celle où vous êtes là précisément pour rencontrer des gens. Vous ne pouvez pas vous appuyer sur la nécessité d'entretenir votre réseau de contacts professionnels ; vous êtes simplement là dans le but de faire des rencontres. Et, pour quelque raison inexplicable, il nous faut dans notre société un certain courage pour se l'avouer.

La plupart de mes amis célibataires me disent haïr ce genre de soirées. Ma sœur Elisabeth, chercheur à Harvard, s'exclame : *Les rencontres amoureuses ? Qu'est-ce que c'est ça ? Mes amis célibataires quadras et moi avons tous décidé que nous étions bien trop occupés pour perdre notre temps à ça !*

Mon amie Suzanne, elle, est divorcée depuis huit ans et n'a guère envie de changer sa façon de vivre. Elle serait ravie de trouver l'homme parfait mais elle refuse de se contenter de quelqu'un qui ne lui convienne pas tout à fait. Elle préfère rester célibataire et continuer à papillonner. En fait, elle trouve cela amusant !

Il existe tant de situations différentes requérant l'usage de la petite conversation dans le monde des célibataires qu'il est difficile de donner des conseils valables pour tous. Avez-vous la vingtaine ou la cinquantaine ? Préférez-vous sortir dans un pub ou vous rendre à une soirée organisée ? Êtes-vous de sexe féminin ou masculin ? Plutôt une personne d'intérieur ou de plein air ? Un seul conseil est valable pour toutes les situations : ne considérez pas votre recherche de contacts comme une pratique sociale de « célibataire ». Voyez-la plutôt comme une forme d'ouverture relationnelle. Vous avez quelque chose à offrir aux autres et eux ont quelque chose à vous proposer : un lien avec l'humanité.

Rassemblez vos forces

Un des aspects les plus terrifiants des rencontres entre célibataires est le moment où vous faites votre entrée — quand vous arrivez physiquement sur les lieux. Il est important de comprendre que vous n'êtes pas obligé de bavarder dès votre entrée en scène. Suzanne m'a confié qu'elle inspire toujours profondément avant d'entrer dans la pièce et se visualise en train de concentrer toute son énergie au centre d'elle-même afin de ne pas émettre d' « ondes » lorsqu'elle fait son entrée. Elle rassemble littéralement ses forces !

Restez sur le seuil de la porte pour avoir une vue d'ensemble. Cela permet d'accomplir deux choses en même temps : d'une part, vous disposez alors d'un instant pour vous stabiliser *et* trouver vos marques et, d'autre part, vous vous mettez en valeur dans le cadre de la porte de façon à ce que tout le monde puisse vous voir. On vous percevra comme une personne pleine d'assurance et on souhaitera inconsciemment avoir l'occasion de parler avec vous. La confiance en soi est probablement le plus puissant des attraits, juste après une belle apparence.

Mais une fois dans la pièce, faites comme si vous étiez invisible. Personne ne vous remarque et vous n'avez donc pas lieu de vous sentir mal à l'aise. Les autres sont tous bien trop pris dans le feu de l'action ou de la conversation, ou encore préoccupés par leur propre manque d'assurance. Profitez-en pour vous balader, en quête de quelque chose à manger ou à boire, pour vous adapter à l'atmosphère du lieu. C'est un bon moment pour vous imprégner de la scène. Qui se trouve là ? Quelle ambiance règne-t-il ? Est-ce que l'on s'amuse ou y a-t-il de la tension dans l'air ? Regardez autour de vous. Qui paraît disponible?

À mesure que vous observerez, vos pensées trouveront à se formuler en mots que vous pourrez alors partager avec les personnes que vous aborderez ou qui vous aborderont. Il est toujours plus facile de détendre l'atmosphère avec quelques remarques sur la situation présente plutôt qu'en posant des questions d'ordre personnel. En principe, si vous faites un commentaire anodin, votre interlocuteur vous répondra en livrant ses impressions. Il est parfois utile de commencer par bavarder avec une personne du même sexe ; cela est moins inquiétant et vous aidera à surmonter votre trac. Et, qui sait ? celle-ci vous présentera peut-être à quelqu'un de *vraiment* intéressant !

« BRISE-GLACES » POUR CÉLIBATAIRES

- Je suis déjà venu ici mais je n'ai jamais vu autant de monde.
- Où se trouve le buffet ?
- Je ne connais absolument personne ici. Et vous ?
- Cette nourriture a l'air plutôt appétissante.
- On dirait qu'il y a beaucoup de gens intéressants ici. Vous en connaissez ?
- Pourriez-vous me passer une serviette en papier, s'il vous plaît ?
- Le vendredi après-midi est un très bon moment pour ce genre d'événement. De quoi attendre avec impatience la fin de la semaine.
- Je ne sais jamais quoi dire dans ces circonstances, mais j'aimerais faire votre connaissance.

TROUVEZ LE LIEN

Tandis que Suzanne dit qu'elle aime papillonner, la plupart des gens espèrent vraiment rencontrer cette personne vraiment spéciale avec laquelle ils pourront sincèrement se lier. Réfléchissez au sens des mots *lien* et *relation*. « Se lier » ou « entrer en relation » signifie avoir quelque chose de commun avec quelqu'un d'autre. Vous pouvez commencer à chercher ces ressemblances dès que vous engagez une petite conversation avec un inconnu en dévoilant quelque chose de vous et lui posant des questions. Gardez à l'esprit que lorsqu'une personne réagit à vos propos ou répond à vos questions, elle vous fournit généralement de quoi alimenter la conversation.

Faire le lien

- Vous paraissez tout à fait à l'aise. J'aimerais pouvoir me sentir aussi détendu.
- Quelle belle tenue (chaussures, bracelet, cravate) ! J'aime beaucoup la mode (le bon goût, les bijoux).
- J'ai failli rester chez moi lire un livre au lieu de venir ici.
- Je préférerais regarder un match de basket mais on s'amuse bien ici aussi.
- Je n'ai jamais assisté à ce genre d'événement auparavant. Quelle expérience avez-vous de cette association ?
- Comment avez-vous entendu parler de cet événement ?
- C'est une association intéressante. Avez-vous essayé une de leurs activités de plein air – comme les randonnées pédestres ou cyclistes ?

Prolongez le lien

Adoptez l'approche suivante quand vous posez une question ou qu'on vous en pose une. Pensez à la manière dont vous commenterez ensuite ce que votre interlocuteur est en train de vous dire. En voici un exemple :

Vous : Vous sortez souvent ?

Elle : Presque tous les soirs.

Pendant qu'elle vous répond, pensez au commentaire que vous allez faire sur ce qu'elle a dit plutôt qu'à la question suivante. Cet exercice fait des miracles pour aiguiser votre capacité d'écoute.

Vous : Eh bien, ça doit être du boulot !

Commentez sa réponse au lieu de lui poser une question subsidiaire prévisible telle que : *Où aimez-vous sortir ?* Formuler un commentaire demande une qualité d'écoute *plus fine* que poser une question supplémentaire. Si vous aviez une autre question en tête que vous étiez tenté de poser, sans le faire, vous êtes sur la bonne voie. Que vous n'ayez pas enchaîné sur une question ne signifie pas que vous ne deviez pas en avoir préparé une. D'une façon générale, ayez au moins une question supplémentaire en réserve, même si vous n'allez pas vous en servir.

Au lieu d'un trait d'esprit ou d'une repartie humoristique, vous pouvez opter pour un enchaînement où vous vous dévoilez. Voyons comment cela fonctionne :

Vous : Vous sortez souvent ?

Elle : Presque tous les soirs.

Vous : Vraiment ? Moi aussi j'arrivais à faire cela dans le temps !

Dans ce cas, c'est une confidence, au lieu d'un commentaire, qui maintient le lien.

Il peut aussi être utile d'avoir à l'esprit des questions pertinentes pour la suite de la conversation. La plupart du temps, les commentaires et confidences jouent le rôle de « stimulateurs ». Ils incitent à poursuivre la discussion ou à poser des questions. Revoyons l'exemple :

Vous : Vous sortez souvent ?
Elle : Presque tous les soirs.
Vous : Dites donc, ça doit être du boulot !
(Dans ce cas, le commentaire servira de stimulateur.)
Elle (en riant) : Ouais, je sais, c'est comme un boulot à plein temps !

Quand vous commentez la réponse de votre interlocuteur, celui-ci est invité à dire quelque chose à son tour. Employez cette technique pour alimenter le lien.

Que faites-vous si votre commentaire ou confidence n'est suivi d'aucune réaction ? Employez alors une des questions que vous avez préparées et patiemment gardées en tête. Revenons à notre exemple.

Vous : Vous sortez souvent ?
Elle : Presque tous les soirs.
Vous : Eh bien, ça doit être du boulot !
Elle : (Elle rit mais ne répond pas.)
Vous : Où aimez-vous sortir ?

Vous placez maintenant la question subsidiaire à votre question initiale (*Vous sortez souvent* ?) et sa réponse (*Presque tous les soirs.*). D'autres questions possibles auraient pu être : *D'où tenez-vous toute cette d'énergie ?* ou bien *Où trouvez-vous le temps ?*

Une fois que vous avez pris l'habitude de faire des commentaires et des confidences, ajouter des questions subsidiaire est du gâteau ! Grâce à l'usage inventif de ces trois procédés (questions, commentaires et questions subsidiaires) les possibilités et variations sont quasiment infinies. Tant que vous restez concentré sur la conversation, vous pouvez trouver à l'entretenir.

PRENDRE CE FAMEUX RENDEZ-VOUS

Maintenant que la petite conversation vous a permis d'évoluer avec quelque succès dans le monde des célibataires, vous disposez d'un éventail de partenaires potentiels à qui proposer une rencontre. Mais, en fait, demander un rendez-vous — c'est-à-dire, mettre votre ego en jeu en risquant d'essuyer un refus — vous place sur un plan complètement différent. Tandis que Suzanne n'appelle jamais un homme pour lui proposer un rendez-vous, Linda, elle, est catégorique : « Pourquoi ne pourrais-je pas choisir l'homme avec qui je veux sortir ? Ce n'est pas parce que je suis une femme que je devrais me contenter d'attendre que n'importe quel *quidam* vienne me solliciter. » Chaque fois qu'elle téléphone à un homme en vue d'un rendez-vous, elle s'assure qu'elle est prête à assumer une petite conversation : « D'abord, je me remémore la façon dont nous nous sommes rencontrés. Je lui rafraîchis la mémoire sur un ou deux incidents qui ont émaillé la soirée. Je lui dis combien j'ai apprécié la conversation que nous avons eue alors. J'ajoute que ce serait amusant de la poursuivre autour d'un café ou d'un déjeuner. Bien que j'aie beaucoup d'aplomb, lors d'un premier rendez-vous avec un homme, je ne propose jamais d'aller dîner. Cela me paraît moins troublant — tant pour moi que pour lui — de suggérer quelque chose de plus informel. »

Mon ami Bob propose le conseil suivant : « Ayez quelques idées de rendez-vous à l'esprit avant de prendre le téléphone. J'appelle une femme et lui dis quelque chose du genre : *Il y a une dégustation de vins aux jardins de Hudson jeudi soir. J'ai pensé que nous pourrions y aller en début de soirée puis faire peut-être une promenade le long du fleuve. Ou bien encore nous pourrions aller dîner près des jardins.* » Vous aurez noté qu'il n'appelle pas la personne qui l'intéresse pour lui dire : *Que faites-vous samedi soir ?*, car ce serait lui donner l'occasion rêvée de répondre : *Je me lave les cheveux*. Les propositions du genre : *Aimeriez-vous que l'on sorte ensemble un de ces jours ?* sont trop vagues. Soyez précis si vous voulez une réponse claire.

Voici la façon dont Bob s'y prend. Il propose à son élue potentielle une sortie à deux avec une activité qui semble amusante. Au moins pour les premiers rendez-vous, essayez de proposer des idées susceptibles de plaire à votre partenaire plutôt que quelque chose qui vous plairait à vous. Ne croyez pas que, parce que vous aimez les courses, elle aimera y aller aussi, même si le nombre de femmes intéressées par le sport est plus élevé aujourd'hui que, disons, il y a vingt ans. Quant à vous, les femmes, n'allez pas imaginer que *tous* les hommes aiment faire du shopping ! Je connais personnellement un seul homme, parmi mes connaissances célibataires ou mariées, qui pense qu'un tour dans les magasins serait amusant.

Le meilleur conseil que j'aie entendu dernièrement pour favoriser une rencontre amoureuse m'est venu d'un homme ; il ne sollicite jamais un rendez-vous lors du premier contact téléphonique ou électronique. Il prend patience et attend le deuxième ou troisième contact. Et même alors, il essaye de suggérer une sortie qu'il pourrait effectuer avec n'importe quel ami – une promenade à vélo ou une visite de galeries d'art. Cette méthode requiert un peu plus de temps mais elle construit un socle de confiance et d'affection avant de passer à un stade plus « sérieux ». À terme, cet homme va plus loin et plus vite tout en obtenant un meilleur résultat. Un autre petit conseil de bon sens proposé par mon fils de dix-huit ans : ne prévoyez pas une sortie au cinéma ou au théâtre comme premier rendez-vous. L'interaction est cruciale pour apprendre à se connaître.

Essayez de vous mettre à la place de la personne qui appelle. Il faut du courage pour proposer un rendez-vous. Lorsqu'on vous demandera : *Vendredi ou samedi soir ?* ou *Qu'est-ce qui vous plairait – un film ou aller danser ?*, de grâce, ne répondez pas : *Ça m'est égal*. Une telle réponse signifie soit que vous ne vous souciez pas de la personne ou de la conversation, soit que vous ne savez pas ce que vous voulez. Quoi qu'il en soit, aucune des deux n'est réjouissante. En revanche, une réplique chaleureuse du genre : *Samedi soir me semble parfait* ou bien: *Je serai ravi(e) d'aller danser avec vous un de ces soirs* est plus appropriée.

Le rendez-vous

Les gens aiment se sentir bien. Les rencontres amoureuses sont des occasions parfaites pour procurer du bien-être aux autres. Faites-leur sentir qu'ils sont pleins de charme et intéressants. Concentrez-vous sur votre partenaire au lieu de vous inquiéter de ce qu'il ou elle pense de vous.

Mon amie Janie m'a envoyé un mail avec cette histoire : « J'ai interrogé mon "rendez-vous" pendant deux bonnes heures (il était complètement dans ses pensées et ne m'a rien demandé sur moi). Et puis il y a eu un silence alors, je lui ai dit : "Eh bien, à votre tour de me poser des questions ". Il a réfléchi quelques instants et a lâché : "Comment je m'en sors ?" Pauvre gars, pas la peine d'aller plus loin ! »

Une autre amie raconte l'histoire d'un garçon qu'elle commençait à fréquenter et qui se montrait très proche d'elle tant que c'était lui qui faisait la conversation. Mais dès qu'elle prenait la parole, son regard se mettait à errer à travers la pièce. Elle l'avait écouté poliment et activement et voilà qu'il lui signifiait qu'elle l'ennuyait. Elle l'a constaté une dernière fois lorsqu'ils sont allés dîner à une terrasse de café. Tant que c'était lui qui parlait, il ignorait toutes les belles femmes qui passaient. Mais quand elle prenait la parole, il regardait derrière elle, au-dessus d'elle, de tous les côtés sauf vers *elle* pour apercevoir une jolie femme. Mon amie s'est sentie blessée. Elle l'a mal pris. Elle s'est levée et l'a quitté sur ces mots : « Tu n'as pas besoin de moi ici. Tu n'as qu'à te parler à toi-même et à aller tenir compagnie à toutes les belles femmes qui passent. »

Appeler pour un premier rendez-vous

• C'était très agréable de faire votre connaissance à/aux ---. J'espère que cela a été aussi agréable pour vous que pour moi.
• Salut ! J'aimerais ajouter quelque chose à notre conversation de l'autre soir…
• Vous avez parlé de ---. Est-ce que vous sauriez où je pourrais en trouver ?
•J'ai vraiment apprécié notre conversation sur --- et j'ai senti que nous nous comprenions sur ce sujet. Aimeriez-vous qu'on aille prendre un café ce week-end pour continuer la discussion ?
• Vous m'avez dit aimer l'art contemporain. Justement, il y a une expo de --- au musée d'art jusqu'au mois prochain. Est-ce que ça vous tenterait d'y aller un soir de cette semaine ?
• Je me souviens que vous m'avez dit adorer [nom d'acteur ou d'actrice]. Je l'aime bien aussi. Aimeriez-vous aller voir son dernier film un week-end prochain ?

Nous avons tous des histoires à partager, mais bien sûr, comme elles font partie de nous, nous les avons déjà toutes entendues. Les rencontres amoureuses sont donc de formidables occasions d'entendre les histoires de quelqu'un d'autre. Écoutez-les avec attention et empathie – et partagez un peu les vôtres lorsque c'est opportun – mais ne tuez pas la conversation en l'accaparant. L'écoute est un très bon moyen de découvrir que la personne assise en face de vous gagne à être connue.

Encore quelques conseils supplémentaires : soyez patient. Vous n'obtiendrez pas tout en un seul rendez-vous. Donnez-vous la chance de nouer des liens avec la personne au lieu d'essayer d'emblée de tout savoir d'elle et de décider sur-le-champ si vous souhaitez ou non la revoir. Et gardez votre sens de l'humour. Ne racontez pas de blagues (à moins d'être particulièrement doué pour cela) mais permettez-vous tout de même d'être drôle. Comme l'a si bien dit Larry King : « Ne restez jamais trop sérieux trop longtemps. »

Éléments de sagesse amoureuse

Au fil des années, beaucoup de mes lecteurs et de participants à mes ateliers ont partagé leurs histoires avec moi. Permettez-moi de vous en transmettre quelques-unes.

Laissez votre téléphone portable dans la voiture. Paul a laissé tomber les rencontres amoureuses mais non sans avoir eu auparavant cette expérience à raconter : « Je rencontrais quelqu'un pour la première fois après avoir échangé quelques mails. De toute façon, la conversation était horrible, mais lorsque son téléphone mobile a sonné, elle a répondu à l'appel sans même un "Excuse-moi". Je me suis levé aussitôt et suis parti. Peut-être une réaction excessive, mais c'était trop pour moi. Si vous avez un conseil à donner, *Éteignez votre portable* en est un qui me va. »

Attention à ce que vous dites. Cet avertissement vient de Patty, qui raconte l'histoire suivante : « Mon petit ami, Rob, avait un jour un rendez-vous pour une sortie à quatre — avant de me rencontrer, bien entendu. Un de ses collègues de bureau avait organisé cette rencontre pour lui présenter une jeune femme, qui était une amie de l'épouse de son collègue. Ils essayaient tous de caser Rob avec quelqu'un. Pendant la rencontre, ils ont vu passer une jeune femme. Elle était tatouée, et ça se voyait. Rob a fait cette remarque aux trois autres : "Je ne comprends pas pourquoi une jeune femme se ferait tatouer. Elles ne savent donc pas que ça refroidit complètement ?" Pas de chance, la jeune femme avec qui on avait organisé son rendez-vous, qui était charmante par ailleurs, portait elle aussi un tatouage ! »

PETITE CONVERSATION POUR 1er RENDEZ-VOUS

- C'est formidable de vous revoir. Je suis vraiment content que vous ayez pu --- avec moi ce soir.
- Alors, parlez-moi un peu de vous : quel a été votre meilleur ami d'enfance ? Comment passez-vous votre jour de congé préféré ? Que mangez-vous à midi ?
- Êtes-vous parti faire vos études supérieures loin de chez vous ?
- Où habite votre famille ?
- J'ai cinq frères et six sœurs. Et vous, vous en avez ?
- Qu'est-ce qui vous a amené dans cette ville ?
- Avez-vous des animaux de compagnie ? Quels sont vos loisirs ? Quelles sont vos activités préférées à cette période de l'année ?

Gardez vos exigences pour plus tard. Jim révèle sa frustration en relatant ce récit : « Un soi-disant ami m'a arrangé – *arrangé*, un mot que j'en suis venu à haïr – une rencontre avec une psychologue de Manhattan spécialisée dans les femmes et enfants victimes d'abus sexuels. J'aime bien les femmes intelligentes et j'ai donc accepté sans réfléchir. Sarah et moi nous sommes donné rendez-vous dans un merveilleux restaurant de San Francisco. Une fois à table, sa première question fut : "Avez-vous fait le test du sida ?" (Cela m'a subitement rappelé ce conseil d'une amie lors de mon divorce de faire le test du sida car cela augmenterait ma cote). J'essaie toujours de faire preuve d'humour dans les moments d'adversité ; j'ai donc suggéré à Sarah que nous commandions d'abord quelque chose à boire et qu'ensuite je remplirais le questionnaire. Cela ne l'a pas du tout amusée. "Voyons, a-t-elle insisté, on est au vingt-et-unième siècle et je ne vais pas perdre mon temps avec quelqu'un qui ne sait pas où il en est ! " À partir de là, les choses sont allées de mal en pis. Je suis passé en mode "je me tais pour paraître intelligent" et me suis borné à écouter pendant une heure ses rapports sur la violence conjugale, la violence passionnelle, les enfants victimes d'abus, les abus des psys, des trucs sinistres au possible. J'ai serré la main de Sarah en quittant le restaurant et lui ai dit : "Euh… eh bien… ça a été… unique !". L'étonnant, c'est que Sarah m'a appelé le lendemain pour me dire qu'elle avait passé un moment merveilleux… et pour me demander si nous pouvions nous revoir ! »

Essayez un peu de tact au lieu de déballer tout de suite vos opinions. Ma sœur Terri, professeur en sciences politiques, m'a raconté cette anecdote révélatrice, avec son dernier mot sans appel. « Une fois, j'avais rendez-vous avec un type qui avait des opinions très arrêtées. Il supposait, sans en avoir discuté avec moi, que j'étais sur la même longueur d'onde que lui en matière de politique, de religion, etc. Il s'est étendu longuement sur ses penchants d'extrême droite, insultant tous les partisans de l'autre camp (moi incluse) jusqu'au moment où il a fini par me demander mon avis. J'ai répondu : "Je suis en total désaccord avec toutes vos opinions." Pas mal comme réplique de fin, n'est-ce pas ? »

Prospérer sur la scène des célibataires

Vous sentir à l'aise et confiant dans la conversation est le meilleur moyen non seulement de survivre, mais de prospérer en tant que célibataire. Savoir comment « papoter » vous aidera à nouer de nouvelles amitiés et à cultiver les anciennes. La pratique est importante alors allez là où vous serez obligé de manier la petite conversation avec d'autres célibataires. Comme le reste, plus vous pratiquez, plus cela devient facile. Et une fois que vous vous débrouillez bien, cela devient même amusant. Ne craignez pas d'avoir l'air ringard ou de dire une bêtise. L'autodérision est le meilleur moyen d'acquérir un sens de l'humour (si vous n'en avez pas déjà) et, en même temps, elle rassure les autres à votre égard. Chaque conversation est une occasion d'établir un lien. Nous avons trop tendance à écarter des gens parce qu'ils ne sont pas notre genre ou à ne pas participer à certaines activités parce qu'il n'y aura pas assez de membres du sexe opposé. C'est ma très chère amie Karen Thomas qui m'a annoncé un jour à une réunion de notre groupe de lecture, il y a douze ans de cela, qu'elle pensait à quelqu'un que je devrais rencontrer. Grâce à sa présence d'esprit et à sa générosité, j'ai été présentée à son parodontiste, Steve, qui est devenu mon mari. Demandez que l'on vous organise une rencontre. N'hésitez pas à demander à vos amis de vous garder à l'esprit. Et n'écartez jamais quelqu'un parce qu'il n'est pas votre genre. Cette personne pourrait devenir votre ami et vous présenter à votre futur partenaire.

14

La dimension « bien-être »

Les gens dépensent leur argent pour deux raisons : pour résoudre un problème et pour obtenir de bonnes sensations. Considérez la question sous cet angle. Il est difficile d'évaluer rapidement la compétence d'un nouveau dentiste ; mais vous savez immédiatement lequel vous fait vous sentir bien. Vous pouvez prendre des leçons de ski avec un moniteur hautement qualifié, mais si vous vous sentez gêné par son silence lors des trajets en télésiège, vous en changerez. Lorsque deux grandes surfaces vendent les mêmes articles à peu près au même prix et qu'elles sont situées à proximité, où faites-vous vos achats ? Vous choisirez le magasin où les retours sont les plus simples à effectuer, où les vendeurs sont les plus aimables, dont les installations sont les plus propres — bref, là où vous vous sentez le mieux accueilli.

La dimension « bien-être » sous-tend tous les aspects de notre vie. Même dans le domaine des réunions parents-professeurs. Si l'enseignant vous donne une appréciation négative sur votre enfant en exprimant de la compréhension plutôt que de la rigueur, vous serez plus enclin à voter en faveur de l'augmentation des dépenses pour l'éducation publique.

Une manchette du journal *USA Today* annonçait que le célèbre basketteur Kareem Abdul-Jabbar avait embauché un expert en communication pour l'aider à obtenir des entretiens de candidature à des postes d'entraîneur. Il est apparemment perçu comme tellement distant qu'il n'arrive à décrocher aucune entrevue avec les responsables de lycées, d'universités, ou d'autres professionnels du métier. D'une façon similaire, dans le monde de l'entreprise, si vous voulez bénéficier d'une promotion mais semblez sauvage ou timide, on vous laissera dans l'ombre en faveur de quelqu'un de sociable, ayant le « sens du contact » — cette qualité qui fait que les autres se sentent bien en votre compagnie.

Voici comment élaborer un rapport menant au succès dans toute relation d'affaires.

• **Encadrez un entretien d'affaires de petite conversation.** Que ce soit lors d'une démonstration à un client, de la vente d'un nouveau gadget, d'une négociation de contrat, d'un entretien avec un professeur de votre enfant ou quand vous fournissez un service, commencez et finissez votre prestation par un peu de petite conversation. Une étude menée auprès des médecins montre que les praticiens consacrant quelques minutes à interroger les patients sur leur famille, leur travail ou leurs projets de vacances, avant et/ou après la consultation, étaient moins souvent assignés en justice que ceux qui ne le faisaient pas. Logique ; on ne lance pas de poursuites contre quelqu'un pour qui on a de la considération. Et les gens attentionnés à notre égard suscitent cette considération en retour.

• **Exprimez votre compassion**. Chacun a le droit d'être écouté, même quand il est en tort. Soyez attentif au client qui se plaint que la Bourse a enregistré une hausse de 30 pour cent mais pas son portefeuille. Le conseiller financier sait que le client a insisté pour choisir lui-même ses actions mais ce serait une erreur de le lui reprocher. Mieux vaut lui dire : *Je comprends que ce doit être frustrant. Que pouvons-nous faire à présent* ? Cette approche contribue à désamorcer les réactions négatives et à aider le client à se sentir mieux dans sa relation à son conseiller – plutôt que d'être tenté d'en changer.

• **Saluez les gens chaleureusement, regardez-les dans les yeux et souriez**. Soyez le premier à dire *bonjour*. Faites attention, vous pourriez passer pour un snob si vous n'êtes pas le premier à saluer. On revient souvent à son restaurant favori parce qu'on y est accueilli par un sourire sincère, un regard direct et de la chaleur humaine. Mon mari et moi retournons à notre restaurant préféré — et y emmenons également nos amis — parce que le personnel, les serveurs et les serveuses, et même le patron passent du temps à nous traiter comme des clients très spéciaux.

• **Prononcez le nom de votre interlocuteur pendant la conversation.** Vous avez plus de chances d'obtenir un traitement privilégié si vous appelez votre interlocuteur par son nom. Quand vous téléphonez pour obtenir des éclaircissements sur une facture de carte de crédit, dites par exemple : *Monsieur Legrand, je vous remercie de m'accorder un peu de votre temps pour m'aider à tirer cette question au clair.* Vous soulignerez ainsi l'importance du rôle de Monsieur Legrand. Si vous ignorez le nom de votre interlocuteur, prenez un instant pour le lui demander et répétez-le. Assurez-vous que la prononciation est correcte.

• **Montrez que les autres comptent pour vous.** Face à un environnement de haute technologie, de courriers électroniques et télécopies, nous avons besoin plus que jamais de contacts de qualité. C'est ce que vous créez en vous intéressant à la vie de vos clients/patients en fonction des circonstances.

• **Approfondissez.** Quand vous vous engagez dans une conversation, ne la quittez pas trop vite. Si votre cliente/patiente fait allusion à ses vacances, saisissez l'occasion pour en savoir davantage. Demandez-lui où elle est allée, quel en a été le grand moment, si elle souhaiterait y retourner. Elle sera d'autant plus satisfaite de sa vie et de sa conversation avec vous. Faites toujours suivre une question comme *Ça se passe bien au travail ?* par *Qu'est-ce qui s'est passé depuis notre dernière rencontre ?* De cette manière, elle (ou il) sait que vous souhaitez vraiment savoir comment ça se passe à son travail.

• **Sachez écouter.** Cela signifie maintenir le contact visuel et employer les expressions ou les répliques adéquates révélant une écoute attentive. Les formules telles que *Dites m'en davantage, Que s'est-il passé au début ?, Que s'est-il passé ensuite ?, Cela a dû être difficile,* etc., en font partie. Elles indiquent au locuteur qu'on l'écoute activement.

• **Arrêtez de jouer les conseillers**. Si vous mentionnez un problème que vous rencontrez éventuellement avec un employé ou un associé, les gens vous donnent-ils des conseils sans vous demander des détails ? Avez-vous déjà rédigé un C.V. et, juste après que vous l'ayez envoyé, quelqu'un vous a dit qu'il était trop long, trop court, trop détaillé ou pas assez étoffé ? Donner à la va-vite des conseils inopportuns arrive malheureusement trop souvent. Au lieu d'offrir des conseils, offrez votre compréhension grâce à des expressions simples comme : *Je sais que vous trouverez une solution* ou *J'espère que votre recherche d'emploi aboutira rapidement*. Ne donnez des conseils que sur demande expresse.

Un exemple que j'utilise dans mes exposés illustre parfaitement mon propos sur la dimension « bien-être ». Je cherchais un bon magasin de reprographie près de chez moi et en ai trouvé un à côté du bureau de poste le plus fréquenté de notre État. J'ai été accueillie par un panneau annonçant : VOTRE MANQUE DE PRÉPARATION NE CONSTITUE PAS MON URGENCE. Je me suis dit : combien de gens doivent passer à toute allure dans cette boutique pour faire quelques photocopies avant de poster un colis important ? Je doute fort qu'ils se sentent les bienvenus ici.

Je me suis alors rendue à une boutique équivalente de l'autre côté de la rue. Il y avait deux panneaux de couleurs vives qui on éclairé ma journée ! Sur l'un, illustré d'un cactus, on pouvait lire : COINCÉ ? NOUS SOMMES LÀ POUR VOUS SORTIR D'UNE SITUATION ÉPINEUSE. L'autre, illustré d'un pot confiture annonçait : DANS LA PANADE ? NOUS SOMMES LA POUR VOUS SORTIR DE LA MÉLASSE. Vous devinez aisément lequel des deux magasins m'a donné envie de devenir sa cliente.

Que vous vouliez décrocher un nouvel emploi, élargir votre clientèle, accroître vos contacts, augmenter vos heures facturables, attirer de nouveaux partenaires dans votre entreprise, ou vous assurer qu'on n'oublie pas de vous recommander – ne négligez pas la dimension « bien-être ». Et profitez de ses retombées positives !

15

Jours de fêtes bien vécus

Survivez aux rituels des fêtes avec grâce. Chaque année, nous sommes confrontés aux incontournables jours de fête. Nous en attendons beaucoup avec impatience, nous sommes parfois obligés d'assister aux manifestations de certains d'entre eux et notre conjoint nous traîne à d'autres encore. Gardez ces antisèches dans votre poche intérieure ou votre sac à main préféré.

LES TUEURS DE CONVERSATION

1. *Êtes-vous marié(e) ?* ou *Avez-vous des enfants ?* Où allez-vous avec l'une ou l'autre de ces questions si la réponse est *Non* ?
2. *Comment ça va dans votre travail à Air Sud, l'Eurobanque, Cybergames (ou toute autre entreprise)?* À moins que vous ne connaissiez bien la personne, ne faites aucune supposition ! Et si elle avait changé de société ? Ne mettez pas les gens dans l'embarras avec ce genre de question trop précise. Au lieu de cela, demandez-leur : *Comment ça se passe à votre travail ?*

3. *Comment va votre femme ?* (Elle est partie, merci, a pris tout l'argent, les gosses et récupéré aussi la maison !)
4. *Joyeux Noël ! Comment pensez-vous fêter Noël ?* Tout le monde ne fête pas Noël.
5. Évitez à tout prix l'expression *C'est un vrai ? Ils sont vrais* ?

HIT-PARADE DES BRISE-GLACES POUR LES FÊTES

1. « Comment connaissez-vous l'hôte/l'hôtesse ? Qu'est-ce qui vous a amené à cet événement ? »
2. « Qu'est-ce qui vous plaît le plus dans cette période de l'année ? »
3. « Comment cette période de l'année affecte-t-elle votre travail ? »
4. « Qu'est-ce qui a changé dans votre vie depuis la dernière fois où nous nous sommes vus ? »
5. « Quels sont vos projets de vacances ? »
6. « Prenez-vous généralement vos vacances au même endroit ? »
7. « Quels sont les défis que vous devez relever à cette époque de l'année ? »
8. « Quel cadeau spécial avez-vous offert ou reçu ? »
9. « Quel est votre jour férié préféré ? Pourquoi ? »
10. « Quels sont vos projets en cours pour l'année prochaine ? »

16

Carpe diem

Au moment de clore notre entretien sur la Petite Conversation, me revient en mémoire le « sorcier » du *Magicien d'Oz* après qu'on a découvert que sa magie n'était que tours de passe-passe. Le pseudo-magicien se lance alors dans un monologue provocateur lorsqu'il dit au Lion peureux, à l'Épouvantail et à l'Homme en fer blanc qu'ils possèdent déjà ce qu'ils cherchaient. Ce qu'il leur reste à faire pour être courageux, pour être intelligent ou avoir un cœur, c'est de valoriser leurs talents. Le Magicien ne leur offre solennellement que ses bons vœux de succès.

À présent, vous connaissez toutes les ficelles de mon métier. Je ne suis pas plus magicienne que vous. Il vous faut simplement mettre en œuvre les différents trucs techniques et conseils présentés dans ce livre. Ainsi, sans plus de cérémonie, je consacre solennellement vos compétences nouvellement acquises :

De par le pouvoir dont je suis investie en tant qu'ex-binoclarde qui se cachait dans les coins quand elle ne fuyait pas les mondanités en tout genre, et qui s'est transformée depuis en une Experte en Petite Conversation couronnée d'un succès durable, je vous confère par la présente le titre de « Petit Conversationnaliste Extraordinaire ». Vous recevez par là même tous les droits, privilèges et responsabilités afférents. Ne laissez aucune soirée, réunion, groupe ou personne vous intimider ou nuire à vos compétences en matière de Petite Conversation.

Vous êtes à présent un pratiquant confirmé en Petite Conversation. Abandonnez les étiquettes que vous vous étiez collées auparavant ; elles vous empêcheraient de revendiquer la conversation comme l'un de vos meilleurs atouts. Les conseils et petits trucs énumérés tout au long de ce livre sont des solutions de bon sens aux petites difficultés inhérentes à la conversation quotidienne. Une seule exigence s'impose toutefois pour parvenir à l'excellence en matière de petite conversation : la pratique. Je reçois sans cesse confirmation de l'importance des techniques de petite conversation et de leur impact immédiat. J'ai su qu'elle a changé radicalement la vie de certaines personnes, de même que la mienne. Un homme de Floride a eu le courage de demander un rendez-vous à une femme et ils sont maintenant mariés. Une femme de l'Ohio a été promue directrice de société de toute la région du Midwest. Un cinquantenaire du Colorado a refait sa vie après le décès prématuré de sa femme. Pourtant, celle-ci avait toujours fait la conversation pour deux et il manquait d'habileté relationnelle.

Ne renoncez pas si vous avez du mal. Comme l'a dit le président Calvin Coolidge : « Rien ne peut remplacer la persévérance. Ni le talent, ni même le génie. Rien de plus fréquent qu'un homme talentueux qui échoue. Et il est banal de parler de "génie méconnu". L'éducation non plus ne garantit rien : le monde est plein d'une foule de ratés instruits. Seules la persévérance et la détermination sont omnipotentes. » Appliquez mes techniques d'abord en famille et entre amis. Puis, à mesure que vous gagnez en assurance, pratiquez-les avec vos collègues et connaissances.

Placez-vous plus fréquemment dans des situations de vie sociale. Acceptez les invitations. Joignez-vous à une organisation professionnelle, une association, faites du volontariat, inscrivez-vous à un club. Au travail, proposez de participer à des projets qui vous permettront de travailler avec des gens différents. Les occasions de petite conversation abondent lorsque vous vous trouvez avec des inconnus qui partagent une même passion ou occupation. Au cours des semaines et des mois qui viennent, refaites le questionnaire *Maîtriser la Petite Conversation* que vous retrouverez ci-dessous.

J'espère que vous maîtrisez vraiment la Petite Conversation.
Exercez-vous jusqu'à ce que cela devienne une seconde nature.
Si vous êtes appliqué dans votre pratique,
Vous y excellerez.

Maîtriser la petite conversation

Répondez par « oui » ou « non » aux propositions suivantes :

1. J'ai participé à au moins une activité de groupe ou à celle d'un club afin de nouer de nouvelles relations professionnelles ou simplement de rencontrer du monde.

2. Je suis conscient de « parler à mon tour » dans la plupart de mes conversations afin de connaître les autres davantage et de les aider à mieux me connaître.

3. J'ai eu recours à mes relations pour aider au moins deux personnes, soit à trouver du travail, soit à se mettre en relation avec des clients potentiels. J'ai fourni des informations à d'autres fins relationnelles.

4. Je suis allé à au moins deux événements me permettant de rencontrer des membres de ma branche professionnelle ou des décideurs potentiels ou bien de me faire des amis où d'initier une relation amoureuse.

5. Si quelqu'un est amical envers moi, il m'est facile de l'être en retour. Mais je n'attends pas un témoignage de gentillesse pour être moi-même affable.

6. Lorsque quelqu'un me demande « Quoi de neuf ? », au lieu de répondre « Pas grand-chose », je parle souvent de quelque chose de passionnant que je suis en train de vivre.

7. Dans les réunions, les fêtes, les salons professionnels, etc., je me présente à des personnes inconnues et repars en connaissant le nom d'au moins trois nouvelles personnes.

Remerciements

Cherchant une source de financement supplémentaire, mes yeux sont tombés sur une annonce où l'on demandait une animatrice d'atelier sur la Petite Conversation à l'Université Libre du Colorado, une vénérable institution de formation permanente pour tous. En réalité, cette formation n'est pas réellement gratuite. Les tarifs sont abordables et la rémunération des enseignants minime. Sans avoir ni expérience préalable ni diplôme sur le sujet, j'ai néanmoins été embauchée. J'y ai gagné moi-même une formidable éducation. Les participants passaient des épreuves au terme de chaque atelier. Ces précieuses informations et critiques amassées au fil de mon enseignement m'ont enrichie et sont toujours frucuteuses. Ces étudiants adultes venus de tous les secteurs d'activité m'ont décrit les techniques et les pratiques qu'ils souhaitaient acquérir et celles dont ils n'avaient pas besoin. Ils m'ont aussi enseigné *comment* ils souhaitaient les apprendre. Des milliers de cadres, de commerciaux, d'avocats, d'ingénieurs, de banquiers ainsi que des bacheliers candidats aux examens d'entrée aux universités ont assisté à mes cours à l'Université Libre du Colorado.

Grâce à eux, j'ai pu aller à la rencontre de mon public d'aujourd'hui. Ces étudiants en conversation m'ont aidée à développer *Le Grand Art de la Petite Conversation*. Je leur en suis très reconnaissante. J'apprécie également notre quête commune d'un apprentissage permanent.

Achevé d'imprimer en juillet 2007
sur les presses de la Nouvelle Imprimerie Laballery
58500 Clamecy
Dépôt légal : juillet 2007
Numéro d'impression : 707115

Imprimé en France